FABLES
DE
LA FONTAINE

illustrées par

BENJAMIN RABIER

ÉDITIONS TALLANDIER
25, boulevard Malesherbes
75008 PARIS

25, boulevard Malesherbes
75008 Paris
Premier dépôt légal : octobre 1995
n° d'éditeur : 2821
ISBN : - 2 235 02193 X

PRÉFACE

Je devais avoir douze ou treize ans lorsque quelqu'un — un ami de la famille, je suppose, qui savait probablement que je ne cessais de griffonner des petits « bonshommes » — m'a offert une série de six cartes postales en couleurs illustrant la fable « Le corbeau et le renard ».

Et j'ai été immédiatement conquis.

Car ces dessins étaient très simples. Très simples, mais robustes, frais, joyeux et d'une lisibilité parfaite. En quelques traits bien charpentés, tout était dit : le décor était indiqué, les acteurs en place ; la comédie pouvait commencer.

Les coloris, eux aussi, m'enchantaient. C'était des aplats de couleurs, sans aucun dégradé, des couleurs franches, lumineuses, nettement délimitées par un trait énergique et « fermé ».

C'est ainsi que, en quelques instants — et à mon insu, car ce n'est que beaucoup plus tard que j'ai pu analyser mes impressions —, c'est ainsi que Benjamin Rabier (car ces dessins étaient de lui, vous l'aurez deviné) est devenu, à mes yeux, un maître !

Et c'est à coup sûr de cette rencontre que date mon goût pour un dessin clair et simple, un dessin qui soit compris instantanément. C'est, avant toute chose, cette lisibilité que je n'ai cessé de rechercher moi-même.

Ces six cartes postales, je les ai conservées précieusement. Je viens de les contempler une fois de plus, et non sans une certaine émotion : il y a soixante ans qu'elles me sont apparues pour la première fois et j'éprouve toujours pour elles, et pour leur créateur, la même admiration.

HERGÉ

310 Compositions de
BENJAMIN RABIER

LA CIGALE ET LA FOURMI

La cigale ayant chanté
Tout l'été,
Se trouva fort dépourvue
Quand la bise fut venue :
Pas un seul petit morceau
De mouche ou de vermisseau.
Elle alla crier famine
Chez la fourmi sa voisine,
La priant de lui prêter
Quelque grain pour subsister
Jusqu'à la saison nouvelle.
Je vous paierai, lui dit-elle,
Avant l'oût, foi d'animal,
Intérêt et principal.
La fourmi n'est pas prêteuse :
C'est là son moindre défaut.
Que faisiez-vous au temps chaud ?
Dit-elle à cette emprunteuse. —
Nuit et jour à tout venant
Je chantais, ne vous déplaise. —
Vous chantiez ! j'en suis fort aise.
Eh bien ! dansez maintenant.

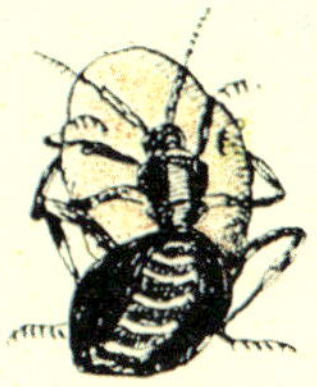

LE CORBEAU ET LE RENARD

Maître corbeau, sur un arbre perché,
Tenait en son bec un fromage.
Maître renard, par l'odeur alléché,
Lui tint à peu près ce langage :
Hé ! bonjour monsieur du corbeau !
Que vous êtes joli ! que vous me semblez beau !
Sans mentir, si votre ramage
Se rapporte à votre plumage,
Vous êtes le phénix des hôtes de ces bois.
A ces mots le corbeau ne se sent pas de joie ;
Et, pour montrer sa belle voix,
Il ouvre un large bec, laisse tomber sa proie.
Le renard s'en saisit, et dit : Mon bon monsieur,
Apprenez que tout flatteur
Vit aux dépens de celui qui l'écoute :
Cette leçon vaut bien un fromage, sans doute.
Le corbeau, honteux et confus,
Jura, mais un peu tard, qu'on ne l'y prendrait plus.

LES DEUX MULETS

Deux mulets cheminaient, l'un d'avoine chargé,
L'autre portant l'argent de la gabelle.
Celui-ci, glorieux d'une charge si belle,
N'eût voulu pour beaucoup en être soulagé.
Il marchait d'un pas relevé,
Et faisait sonner sa sonnette ;
Quand l'ennemi se présentant,
Comme il en voulait à l'argent,
Sur le mulet du fisc une troupe se jette,
Le saisit au frein et l'arrête.
Le mulet, en se défendant,
Se sent percer de coups ; il gémit, il soupire.
Est-ce donc là, dit-il, ce qu'on m'avait promis ?
Ce mulet qui me suit du danger se retire,
Et moi, j'y tombe et je péris !
Ami, lui dit son camarade,
Il n'est pas toujours bon d'avoir un haut emploi
Si tu n'avais servi qu'un meunier, comme moi,
Tu ne serais pas si malade.

LE LOUP ET LE CHIEN

Un loup n'avait que les os et la peau,
Tant les chiens faisaient bonne garde :
Ce loup rencontre un dogue aussi puissant que beau,
Gras, poli, qui s'était fourvoyé par mégarde.
L'attaquer, le mettre en quartiers,
Sire loup l'eût fait volontiers :
Mais il fallait livrer bataille ;
Et le mâtin était de taille
A se défendre hardiment.
Le loup donc l'aborde humblement,
Entre en propos et lui fait compliment
Sur son embonpoint, qu'il admire.
Il ne tiendra qu'à vous, beau sire,
D'être aussi gras que moi, lui repartit le chien.
Quittez les bois, vous ferez bien :
Vos pareils y sont misérables,
Cancres, hères, et pauvres diables,
Dont la condition est de mourir de faim.
Car, quoi ! rien d'assuré ! point de franche lippée !
Tout à la pointe de l'épée !
Suivez-moi, vous aurez un bien meilleur destin.
Le loup reprit : Que me faudra-t-il faire ?
Presque rien, dit le chien : donner la chasse aux gens
Portants bâtons, et mendiants ;
Flatter ceux du logis, à son maître complaire :
Moyennant quoi votre salaire
Sera force reliefs de toutes les façons,
Os de poulets, os de pigeons ;
Sans parler de mainte caresse.
Le loup déjà se forge une félicité
Qui le fait pleurer de tendresse.
Chemin faisant, il vit le cou du chien pelé.
Qu'est-ce là ? lui dit-il. — Rien. — Quoi ! rien ! — Peu de chose. —
Mais encor ? — Le collier dont je suis attaché
De ce que vous voyez est peut-être la cause. —
Attaché ! dit le loup : vous ne courez donc pas
Où vous voulez ? — Pas toujours ; mais qu'importe ? —
Il importe si bien, que de tous vos repas
Je ne veux en aucune sorte,
Et ne voudrais pas même à ce prix un trésor.
Cela dit, maître loup s'enfuit, et court encor.

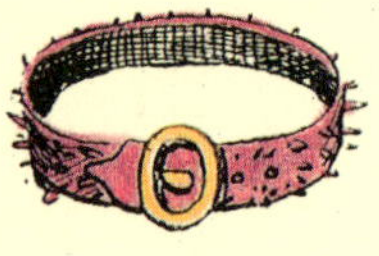

LA GÉNISSE, LA CHÈVRE ET LA BREBIS EN SOCIÉTÉ AVEC LE LION

La génisse, la chèvre et leur sœur la brebis,
Avec un fier lion, seigneur du voisinage,
Firent société, dit-on, au temps jadis,
Et mirent en commun le gain et le dommage.
Dans les lacs de la chèvre un cerf se trouva pris.
Vers ses associés aussitôt elle envoie.
Eux venus, le lion par ses ongles compta,
Et dit : Nous sommes quatre à partager la proie.
Puis en autant de parts le cerf il dépeça ;
Prit pour lui la première en qualité de sire.
Elle doit être à moi, dit-il ; et la raison,
    C'est que je m'appelle lion :
    A cela l'on n'a rien à dire.
La seconde, par droit, me doit échoir encor :
Ce droit, vous le savez, c'est le droit du plus fort
Comme le plus vaillant, je prétends la troisième.
Si quelqu'une de vous touche à la quatrième,
    Je l'étranglerai tout d'abord.

LA BESACE

Jupiter dit un jour : Que tout ce qui respire
S'en vienne comparaître aux pieds de ma grandeur :
Si dans son composé quelqu'un trouve à redire,
Il peut le déclarer sans peur ;
Je mettrai remède à la chose.
Venez, singe ; parlez le premier, et pour cause.
Voyez ces animaux, faites comparaison
De leurs beautés avec les vôtres.
Êtes-vous satisfait ? Moi ? dit-il, pourquoi non ?
N'ai-je pas quatre pieds aussi bien que les autres ?
Mon portrait jusqu'ici ne m'a rien reproché :
Mais pour mon frère l'ours, on ne l'a qu'ébauché ;
Jamais, s'il me veut croire, il ne se fera peindre.
L'ours venant là-dessus, on crut qu'il s'allait plaindre.
Tant s'en faut : de sa forme il se loua très fort ;
Glosa sur l'éléphant, dit qu'on pourrait encor
Ajouter à sa queue, ôter à ses oreilles ;
Que c'était une masse informe et sans beauté.
L'éléphant étant écouté,
Tout sage qu'il était, dit des choses pareilles :
Il jugea qu'à son appétit
Dame baleine était trop grosse.
Dame fourmi trouva le ciron trop petit,
Se croyant, pour elle, un colosse.
Jupin les renvoya s'étant censurés tous,
Du reste, contents d'eux. Mais parmi les plus fous
Notre espèce excella ; car tout ce que nous sommes,
Lynx envers nos pareils, et taupes envers nous,
Nous nous pardonnons tout, et rien aux autres hommes.
On se voit d'un autre œil qu'on ne voit son prochain.
Le fabricateur souverain
Nous créa besaciers tous de même manière,
Tant ceux du temps passé que du temps d'aujourd'hui :
Il fit pour nos défauts la poche de derrière,
Et celle de devant pour les défauts d'autrui

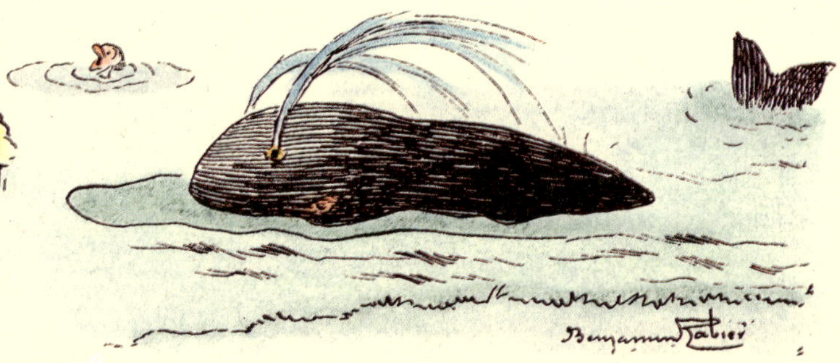

LE RAT DE VILLE ET LE RAT DES CHAMPS

Autrefois le rat de ville
Invita le rat des champs,
D'une façon fort civile,
A des reliefs d'ortolans.
Sur un tapis de Turquie
Le couvert se trouva mis.
Je laisse à penser la vie
Que firent ces deux amis.
Le régal fut fort honnête,
Rien ne manquait au festin ;
Mais quelqu'un troubla la fête
Pendant qu'ils étaient en train.
A la porte de la salle
Ils entendirent du bruit :
Le rat de ville détale ;
Son camarade le suit.
Le bruit cesse, on se retire :
Rats en campagne aussitôt ;
Et le citadin de dire :
Achevons tout notre rôt.
C'est assez, dit le rustique ;
Demain vous viendrez chez moi.
Ce n'est pas que je me pique
De tous vos festins de roi.
Mais rien ne vient m'interrompre :
Je mange tout à loisir.
Adieu donc. Fi du plaisir
Que la crainte peut corrompre !

L'HIRONDELLE ET LES PETITS OISEAUX

Une hirondelle, en ses voyages,
Avait beaucoup appris. Quiconque a beaucoup vu
Peut avoir beaucoup retenu.
Celle-ci prévoyait jusqu'aux moindres orages,
Et devant qu'ils fussent éclos,
Les annonçait aux matelots.
Il arriva qu'au temps que le chanvre se sème,
Elle vit un manant en couvrir maints sillons.
Ceci ne me plaît pas, dit-elle aux oisillons :
Je vous plains ; car, pour moi, dans ce péril extrême
Je saurai m'éloigner ou vivre en quelque coin.
Voyez-vous cette main qui par les airs chemine !
Un jour viendra, qui n'est pas loin,
Que ce qu'elle répand sera votre ruine.
De là naîtront engins à vous envelopper,
Et lacets pour vous attraper,
Enfin mainte et mainte machine
Qui causera dans la saison
Votre mort ou votre prison :
Gare la cage ou le chaudron !
C'est pourquoi, leur dit l'hirondelle,
Mangez ce grain ; et croyez-moi.
Les oiseaux se moquèrent d'elle :
Ils trouvaient aux champs trop de quoi.
Quand la chenevière fut verte,
L'hirondelle leur dit : Arrachez brin à brin
Ce qu'a produit ce maudit grain,
Ou soyez sûrs de votre perte.
Prophète de malheur ! babillarde ! dit-on,
Le bel emploi que tu nous donnes !
Il nous faudrait mille personnes
Pour éplucher tout ce canton.

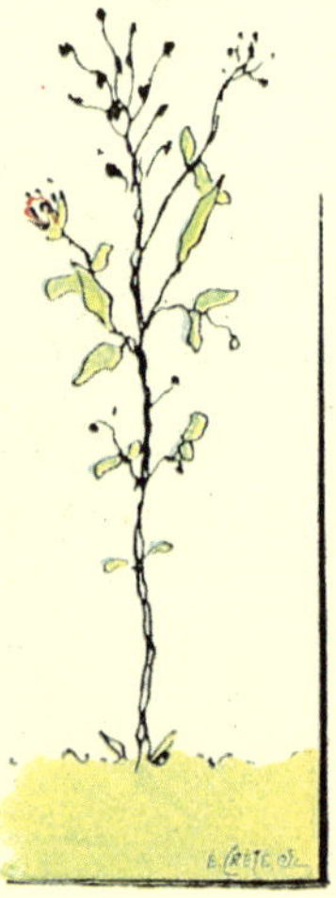

La chanvre étant tout à fait crue,
L'hirondelle ajouta : Ceci ne va pas bien ;
Mauvaise graine est tôt venue,
Mais, puisque jusqu'ici l'on ne m'a crue en rien,
Dès que vous verrez que la terre
Sera couverte, et qu'à leurs blés
Les gens n'étant plus occupés,
Feront aux oisillons la guerre ;
Quand reginglettes et réseaux
Attraperont petits oiseaux,
Ne volez plus de place en place,
Demeurez au logis ou changez de climat :
Imitez le canard, la grue et la bécasse,
Mais vous n'êtes pas en état
De passer, comme nous, les déserts et les ondes,
Ni d'aller chercher d'autres mondes ;
C'est pourquoi vous n'avez qu'un parti qui soit sûr,
C'est de vous renfermer aux trous de quelque mur.
Les oisillons, las de l'entendre,
Se mirent à jaser aussi confusément
Que faisaient les Troyens quand la pauvre Cassandre
Ouvrait la bouche seulement.
Il en prit aux uns comme aux autres :
Maint oisillon se vit esclave retenu.
Nous n'écoutons d'instincts que ceux qui sont les nôtres,
Et ne croyons le mal que quand il est venu.

LE LOUP ET L'AGNEAU

La raison du plus fort est toujours la meilleure :
Nous l'allons montrer tout à l'heure.
Un agneau se désaltérait
Dans le courant d'une onde pure.
Un loup survient à jeun, qui cherchait aventure,
Et que la faim en ces lieux attirait.
Qui te rend si hardi de troubler mon breuvage ?
Dit cet animal plein de rage :
Tu seras châtié de ta témérité.
Sire, répond l'agneau, que votre majesté
Ne se mette pas en colère ;
Mais plutôt qu'elle considère
Que je me vas désaltérant
Dans le courant,
Plus de vingt pas au-dessous d'elle ;
Et que, par conséquent, en aucune façon,
Je ne puis troubler sa boisson.
Tu la troubles, reprit cette bête cruelle ;
Et je sais que de moi tu médis l'an passé.
Comment l'aurai-je fait, si je n'étais pas né ?
Reprit l'agneau ; je tète encor ma mère. —
Si ce n'est toi, c'est donc ton frère. —
Je n'en ai point. — C'est donc quelqu'un des tiens ;
Car vous ne m'épargnez guère,
Vous, vos bergers et vos chiens.
On me l'a dit : il faut que je me venge.
Là-dessus, au fond des forêts
Le loup l'emporte, et puis le mange,
Sans autre forme de procès.

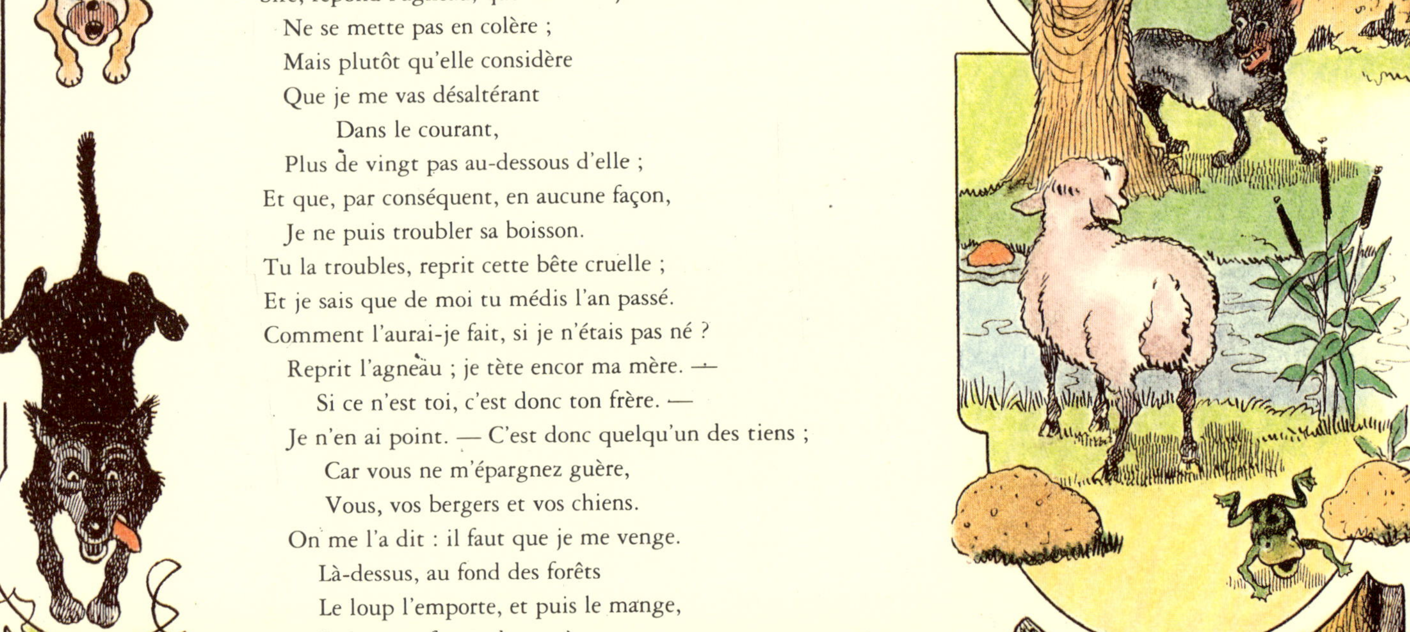

L'HOMME ET SON IMAGE

Un homme qui s'aimait sans avoir de rivaux
Passait dans son esprit pour le plus beau du monde :
Il accusait toujours les miroirs d'être faux,
Vivant plus que content dans son erreur profonde.
Afin de le guérir, le sort officieux
Présentait partout à ses yeux
Les conseillers muets dont se servent nos dames :
Miroirs dans les logis, miroirs chez les marchands,
Miroirs aux poches des galants,
Miroirs aux ceintures des femmes.
Que fait notre Narcisse ? Il va se confiner
Aux lieux les plus cachés qu'il peut s'imaginer,
N'osant plus des miroirs éprouver l'aventure.
Mais un canal, formé par une source pure,
Se trouve en ces lieux écartés :
Il s'y voit, il se fâche, et ses yeux irrités
Pensent apercevoir une chimère vaine.
Il fait tout ce qu'il peut pour éviter cette eau :
Mais quoi ? le canal est si beau,
Qu'il ne le quitte qu'avec peine.
On voit bien où je veux venir.
Je parle à tous : et cette erreur extrême
Est un mal que chacun se plaît d'entretenir.
Notre âme, c'est cet homme amoureux de lui-même
Tant de miroirs, ce sont les sottises d'autrui.
Miroirs, de nos défauts les peintres légitimes
Et quant au canal, c'est celui
Que chacun sait, le livre des *Maximes*.

LE DRAGON A PLUSIEURS TÊTES ET LE DRAGON A PLUSIEURS QUEUES

Un envoyé du grand seigneur
Préférait, dit l'histoire, un jour chez l'empereur,
Les forces de son maître à celles de l'empire.
Un Allemand se mit à dire :
Notre prince a des dépendants
Qui, de leur chef, sont si puissants,
Que chacun d'eux pourrait soudoyer une armée.
Le chiaoux, homme de sens,
Lui dit : Je sais par renommée
Ce que chaque électeur peut de monde fournir :
Et cela me fait souvenir
D'une aventure étrange, et qui pourtant est vraie.
J'étais en un lieu sûr, lorsque je vis passer
Les cent têtes d'une hydre au travers d'une haie.
Mon sang commence à se glacer ;
Et je crois qu'à moins on s'effraie.
Je n'en eus toutefois que la peur sans le mal :
Jamais le corps de l'animal
Ne put venir vers moi, ni trouver d'ouverture.
Je rêvais à cette aventure
Quand un autre dragon, qui n'avait qu'un seul chef
Et bien plus d'une queue, à passer se présente.
Me voilà saisi derechef
D'étonnement et d'épouvante.
Ce chef passe, et le corps, et chaque queue aussi :
Rien ne les empêcha ; l'un fit chemin à l'autre.
Je soutiens qu'il en est ainsi
De votre empereur et du nôtre.

LA LIONNE ET L'OURSE

Mère lionne avait perdu son faon :
Un chasseur l'avait pris. La pauvre infortunée
Poussait un tel rugissement
Que toute la forêt était importunée.
La nuit ni son obscurité,
Son silence et ses autres charmes,
De la reine des bois n'arrêtaient les vacarmes :
Nul animal n'était du sommeil visité.
L'ourse enfin lui dit : Ma commère,
Un mot sans plus ; tous les enfants
Qui sont passés entre vos dents
N'avaient-ils ni père ni mère ?
Ils en avaient. S'il est ainsi,
Et qu'aucun de leur mort n'ait nos têtes rompues,
Si tant de mères se sont tues,
Que ne vous taisez-vous aussi ?
Moi, me taire ! moi malheureuse !
Ah ! j'ai perdu mon fils ! il me faudra traîner
Une vieillesse douloureuse !
Dites-moi, qui vous force à vous y condamner ?
Hélas ! c'est le Destin qui me hait. Ces paroles
Ont été de tout temps en la bouche de tous.
Misérables humains, ceci s'adresse à vous.
Je n'entends résonner que des plaintes frivoles.
Quiconque, en pareil cas, se croit haï des cieux.
Qu'il considère Hécube, il rendra grâce aux dieux.

LE BERGER ET LE ROI

Deux démons à leur gré partagent notre vie,
Et de son patrimoine ont chassé la raison ;
Je ne vois point de cœur qui ne leur sacrifie :
Si vous me demandez leur état et leur nom,
J'appelle l'un, Amour, et l'autre, Ambition.
Cette dernière étend le plus loin son empire ;
 Car même elle entre dans l'amour.
Je le ferais bien voir ; mais mon but est de dire
Comme un roi fit venir un berger à sa cour.
Le conte est du bon temps, non du siècle où nous sommes.
Ce roi vit un troupeau qui couvrait tous les champs,
Bien broutant, en bon corps, rapportant tous les ans,
Grâce aux soins du berger, de très notables sommes.
Le berger plut au roi par ces soins diligents.
Tu mérites, dit-il, d'être pasteur de gens :
Laisse là tes moutons, viens conduire des hommes ;
 Je te fais juge souverain.
Voilà notre berger la balance à la main.
Quoiqu'il n'eût guère vu d'autres gens qu'un ermite,
Son troupeau, ses mâtins, le loup, et puis c'est tout,
Il avait du bon sens ; le reste vient ensuite :
 Bref, il en vint fort bien à bout.
L'ermite son voisin accourut pour lui dire :
Veillé-je ? et n'est-ce point un songe que je vois ?
Vous, favori ! vous, grand ! Défiez-vous des rois ;
Leur faveur est glissante : on s'y trompe ; et le pire
C'est qu'il en coûte cher : de pareilles erreurs
Ne produisent jamais que d'illustres malheurs.
Vous ne connaissez pas l'attrait qui vous engage :
Je vous parle en ami ; craignez tout. L'autre rit ;
 Et notre ermite poursuivit :
Voyez combien déjà la cour vous rend peu sage.
Je crois voir cet aveugle à qui, dans un voyage,
 Un serpent engourdi de froid
Vint s'offrir sous la main : il le prit pour un fouet,
Le sien s'était perdu, tombant de sa ceinture.
Il rendait grâce au ciel de l'heureuse aventure,
Quand un passant cria : Que tenez-vous ? ô dieux !
Jetez cet animal traître et pernicieux,
Ce serpent ! C'est un fouet. C'est un serpent ! vous-dis-je.
A me tant tourmenter quel intérêt m'oblige ?
Prétendez-vous garder ce trésor ? Pourquoi non ?
Mon fouet était usé ; j'en retrouve un fort bon :
 Vous n'en parlez que par envie.
 L'aveugle enfin ne le crut pas ;
 Il en perdit bientôt la vie :
L'animal dégourdi piqua son homme au bras.

Quant à vous, j'ose vous prédire
Qu'il vous arrivera quelque chose de pire.
Eh ! que me saurait-il arriver que la mort ?
Mille dégoûts viendront, dit le prophète ermite
Il en vint en effet : l'ermite n'eut pas tort.
Mainte peste de cour fit tant, par maint ressort,
Que la candeur du juge, ainsi que son mérite,
Furent suspects au prince. On cabale, on suscite
Accusateurs, et gens grevés par ses arrêts.
De nos biens, dirent-ils, il s'est fait un palais.
Le prince voulut voir ces richesses immenses.
Il ne trouva partout que médiocrité,
Louanges du désert et de la pauvreté :
C'étaient là ses magnificences.
Son fait, dit-on, consiste en des pierres de prix :
Un grand coffre en est plein, fermé de dix serrures
Lui-même ouvrit ce coffre, et rendit bien surpris.
Tous les machineurs d'impostures.
Le coffre étant ouvert, on y vit des lambeaux,
L'habit d'un gardeur de troupeaux,
Petit chapeau, jupon, panetière, houlette,
Et, je pense, aussi sa musette.
Doux trésors, ce dit-il, chers gages, qui jamais
N'attirâtes sur vous l'envie et le mensonge,
Je vous reprends : sortons de ces riches palais
Comme l'on sortirait d'un songe !
Sire, pardonnez-moi cette exclamation :
J'avais prévu ma chute en montant sur le faîte.
Je m'y suis trop complu ; mais qui n'a dans la tête
Un petit grain d'ambition ?

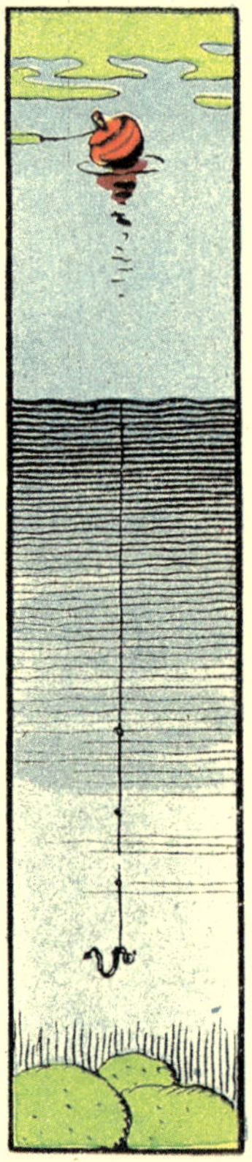

LES POISSONS ET LE BERGER QUI JOUE DE LA FLUTE.

Tircis, qui pour la seule Annette
Faisait résonner les accords
D'une voix et d'une musette
Capables de toucher les morts,
Chantait un jour le long des bords
D'une onde arrosant des prairies
Dont Zéphire habitait les campagnes fleuries.
Annette cependant à la ligne pêchait ;
Mais nul poisson ne s'approchait ;
La bergère perdait ses peines.
Le berger, qui par ses chansons
Eût attiré des inhumaines,
Crut, et crut mal, attirer des poissons.
Il leur chanta ceci : Citoyens de cette onde
Laissez votre Naïade en sa grotte profonde ;
Venez voir un objet mille fois plus charmant.
Ne craignez point d'entrer aux prisons de la Belle ;
Ce n'est qu'à nous qu'elle est cruelle.
Vous serez traités doucement ;
On n'en veut point à votre vie :
Un vivier vous attend, plus clair que fin cristal ;
Et, quand à quelques-uns l'appât serait fatal,
Mourir des mains d'Annette est un sort que j'envie.
Ce discours éloquent ne fit pas grand effet ;
L'auditoire était sourd aussi bien que muet :
Tircis eut beau prêcher. Ses paroles miellées
S'en étant aux vents envolées,
Il tendit un long rets. Voilà les poissons pris ;
Voilà les poissons mis aux pieds de la bergère.
O vous, pasteurs d'humains et non pas de brebis,
Rois, qui croyez gagner par raison les esprits
D'une multitude étrangère,
Ce n'est jamais par là, que l'on en vient à bout !
Il y faut une autre manière :
Servez-vous de vos rets ; la puissance fait tout.

LA MORT ET LE MALHEUREUX

Un malheureux appelait tous les jours
La mort à son secours.
O Mort ! lui disait-il, que tu me sembles belle !
Viens vite ! viens finir ma fortune cruelle !
La mort crut, en venant, l'obliger en effet.
Elle frappe à la porte, elle entre, elle se montre.
Que vois-je, cria-t-il : ôtez-moi cet objet !
Qu'il est hideux ! que sa rencontre
Me cause d'horreur et d'effroi !
N'approche pas, ô Mort ! ô Mort, retire-toi !
Mécénas fut un galant homme ;
Il a dit quelque part : Qu'on me rende impotent,
Cul-de-jatte, goutteux, manchot, pourvu qu'en somme
Je vive, c'est assez, je suis plus que content.
Ne viens jamais, ô Mort ; on t'en dit tout autant.

LA MORT ET LE BUCHERON

Un pauvre bûcheron, tout couvert de ramée,
Sous le faix du fagot aussi bien que des ans
Gémissant et courbé, marchait à pas pesants,
Et tâchait de gagner sa chaumine enfumée.
Enfin, n'en pouvant plus d'effort et de douleur.
Il met bas son fagot, il songe à son malheur.
Quel plaisir a-t-il eu depuis qu'il est au monde ?
En est-il un plus pauvre en la machine ronde ?
Point de pain quelquefois, et jamais de repos.
Sa femme, ses enfants, les soldats, les impôts,
    Le créancier et la corvée
Lui font d'un malheureux la peinture achevée.
Il appelle la Mort. Elle vient sans tarder,
    Lui demande ce qu'il faut faire.
    C'est, dit-il, afin de m'aider
A recharger ce bois ; tu ne tarderas guère.
    Le trépas vient tout guérir ;
    Mais ne bougeons d'où nous sommes :
    Plutôt souffrir que mourir,
    C'est la devise des hommes.

L'HOMME ENTRE DEUX ÂGES ET SES DEUX MAÎTRESSES

Un homme de moyen âge,
Et tirant sur le grison,
Jugea qu'il était saison
De songer au mariage.
Il avait du comptant,
Et partant
De quoi choisir ; toutes voulaient lui plaire ;
En quoi notre amoureux ne se pressait pas tant ;
Bien adresser n'est pas petite affaire.
Deux veuves sur son cœur eurent le plus de part :
L'une encor verte, et l'autre un peu bien mûre,
Mais qui réparait, par son art,
Ce qu'avait détruit la nature.
Ces deux veuves, en badinant,
En riant, en lui faisant fête,
L'allaient quelquefois testonnant,
C'est-à-dire ajustant sa tête.
La vieille, à tous moments, de sa part emportait
Un peu du poil noir qui restait,
Afin que son amant en fût plus à sa guise.
La jeune saccageait les poils blancs à son tour.
Toutes deux firent tant, que notre tête grise
Demeura sans cheveux, et se douta du tour.
Je vous rends, leur dit-il, mille grâces, les belles,
Qui m'avez si bien tondu :
J'ai plus gagné que perdu ;
Car d'hymen point de nouvelles.
Celle que je prendrais voudrait qu'à sa façon
Je vécusse, et non à la mienne.
Il n'est tête chauve qui tienne :
Je vous suis obligé, belles, de la leçon.

LE RENARD ET LA CIGOGNE

Compère le renard se mit un jour en frais,
Et retint à dîner commère la cigogne.
Le régal fut petit et sans beaucoup d'apprêts :
    Le galant, pour toute besogne,
Avait un brouet clair ; il vivait chichement.
Ce brouet fut par lui servi sur une assiette :
La cigogne au long bec n'en put attraper miette ;
Et le drôle eut lapé le tout en un moment.
  Pour se venger de cette tromperie,
A quelque temps de là, la cigogne le prie.
Volontiers, lui dit-il ; car avec mes amis
    Je ne fais point cérémonie.
  A l'heure dite, il courut au logis
    De la cigogne son hôtesse ;
    Loua très fort sa politesse ;
    Trouva le dîner cuit à point :
Bon appétit surtout ; renards n'en manquent point.
Il se réjouissait à l'odeur de la viande
Mise en menus morceaux, et qu'il croyait friande.
    On servit, pour l'embarrasser,
En un vase à long col et d'étroite embouchure.
Le bec de la cigogne y pouvait bien passer,
Mais le museau du sire était d'autre mesure.
Il lui fallut à jeun retourner au logis,
Honteux comme un renard qu'une poule aurait pris,
  Serrant la queue, et portant bas l'oreille.
    Trompeurs, c'est pour vous que j'écris :
    Attendez-vous à la pareille.

LE COQ ET LA PERLE

Un jour un coq détourna
Une perle, qu'il donna
Au beau premier lapidaire.
Je la crois fine, dit-il ;
Mais le moindre grain de mil
Serait bien mieux mon affaire.
Un ignorant hérita
D'un manuscrit, qu'il porta
Chez son voisin le libraire.
Je crois, dit-il, qu'il est bon ;
Mais le moindre ducaton
Serait bien mieux mon affaire.

L'ENFANT ET LE MAITRE D'ÉCOLE

Dans ce récit je prétends faire voir
D'un certain sot la remontrance vaine.
Un jeune enfant dans l'eau se laissa choir
En badinant sur les bords de la Seine.
Le Ciel permit qu'un saule se trouva,
Dont le branchage, après Dieu, le sauva.
S'étant pris, dis-je, aux branches de ce saule,
Par cet endroit passe un maître d'école ;
L'enfant lui crie : Au secours ! je péris.
Le magister, se tournant à ses cris,
D'un ton fort grave à contretemps s'avise
De le tancer : Ah ! le petit babouin !
Voyez, dit-il, où l'a mis sa sottise !
Et puis, prenez de tels fripons le soin !
Que les parents sont malheureux, qu'il faille
Toujours veiller à semblable canaille !
Qu'ils ont de maux ! et que je plains leur sort !
Ayant tout dit, il mit l'enfant à bord.
Je blâme ici plus de gens qu'on ne pense.
Tout babillard, tout censeur, tout pédant,
Se peut connaître au discours que j'avance.
Chacun des trois fait un peuple fort grand ;
Le Créateur en a béni l'engeance.
En toute affaire, ils ne font que songer
  Aux moyens d'exercer leur langue.
Eh! mon ami, tire-moi de danger ;
  Tu feras, après, ta harangue.

LES FRELONS ET LES MOUCHES A MIEL

A l'œuvre on connaît l'artisan
Quelques rayons de miel sans maître se trouvèrent ;
Des frelons les réclamèrent ;
Des abeilles s'opposant,
Devant certaine guêpe on traduisit la cause
Il était malaisé de décider la chose :
Les témoins déposaient qu'autour de ces rayons
Des animaux ailés, bourdonnants, un peu longs,
De couleur fort tannée, et tels que les abeilles.
Avaient longtemps paru. Mais quoi ! dans les frelons
Ces enseignes étaient pareilles.
La guêpe, ne sachant que dire à ces raisons,
Fit enquête nouvelle, et, pour plus de lumière,
Entendit une fourmilière.
le point n'en put être éclairci.
De grâce, à quoi bon tout ceci ?
Dit une abeille fort prudente.
Depuis tantôt six mois que l'affaire est pendante,
Nous voici comme aux premiers jours.
Pendant cela le miel se gâte.
Il est temps désormais que le juge se hâte :
N'a-t-il point assez léché l'ours ?
Sans tant de contredits, et d'interlocutoires,
Et de fatras, et de grimoires,
Travaillons, les frelons et nous :
On verra qui sait faire, avec un suc si doux,
Des cellules si bien bâties
Le refus des frelons fit voir
Que cet art passait leur savoir ;
Et la guêpe adjugea le miel à leurs parties
Plût à Dieu qu'on réglât ainsi tous les procès !
Que des Turcs en cela l'on suivît la méthode !
Le simple sens commun nous tiendrait lieu de code :
Il ne faudrait point tant de frais ;
Au lieu qu'on nous mange, on nous gruge ;
On nous mine par des longueurs ;
On fait tant, à la fin, que l'huître est pour le juge,
Les écailles pour les plaideurs.

LE CHENE ET LE ROSEAU

Le chêne un jour dit au roseau :
Vous avez bien sujet d'accuser la nature ;
Un roitelet pour vous est un pesant fardeau :
Le moindre vent qui, d'aventure,
Fait rider la face de l'eau
Vous oblige à baisser la tête
Cependant que mon front, au Caucase pareil,
Non content d'arrêter les rayons du soleil,
Brave l'effort de la tempête.
Tout vous est aquilon, tout me semble zéphyr
Encor si vous naissiez à l'abri du feuillage
Dont je couvre le voisinage,
Vous n'auriez pas tant à souffrir
Je vous défendrais de l'orage ;
Mais vous naissez le plus souvent
Sur les humides bords des royaumes du vent,
La nature envers vous me semble bien injuste.
Votre compassion, lui répondit l'arbuste,

Part d'un bon naturel ; mais quittez ce souci :
Les vents me sont moins qu' à vous redoutables ;
Je plie, et ne romps pas. Vous avez, jusqu'ici,
Contre leurs coups épouvantables
Résisté sans courber le dos ;
Mais attendons la fin. Comme il disait ces mots,
Du bout de l'horizon accourt avec furie
Le plus terrible des enfants
Que le nord eût porté jusque-là dans ses flancs.
L'arbre tient bon ; le roseau plie.
Le vent redouble ses efforts,
Et fait si bien qu'il déracine
Celui de qui la tête au ciel était voisine,
Et dont les pieds touchaient à l'empire des morts.

CONSEIL TENU PAR LES RATS

Un chat, nommé Rodilardus,
Faisait des rats telle déconfiture,
Que l'on n'en voyait presque plus,
Tant il en avait mis dedans la sépulture.
Le peu qu'il en restait, n'osant quitter son trou,
Ne trouvait à manger que le quart de son soûl ;
Et Rodilard passait, chez la gent misérable,
Non pour un chat, mais pour un diable.
Or, un jour qu'au haut et au loin
Le galant alla chercher femme,
Pendant tout le sabbat qu'il fit avec sa dame,
Le demeurant des rats tint chapitre en un coin
Sur la nécessité présente.
Dès l'abord, leur doyen, personne fort prudente,
Opina qu'il fallait, et plus tôt que plus tard,
Attacher un grelot au cou de Rodilard ;
Qu'ainsi, quand il irait en guerre,
De sa marche avertis, ils s'enfuiraient en terre
Qu'il n'y savait que ce moyen.
Chacun fut de l'avis de monsieur le doyen :
Chose ne leur parut à tous plus salutaire.
La difficulté fut d'attacher le grelot.
L'un dit : Je n'y vas point, je ne suis pas si sot ;
L'autre : Je ne saurais. Si bien que sans rien faire
On se quitta. J'ai maints chapitres vus,
Qui pour néant se sont ainsi tenus ;
Chapitres, non de rats, mais chapitres de moines,
Voire chapitres de chanoines.
Ne faut-il que délibérer ?
La cour en conseillers foisonne :
Est-il besoin d'exécuter ?
L'on ne rencontre plus personne.

CONTRE CEUX QUI ONT LE GOUT DIFFICILE

Quand j'aurais en naissant reçu de Calliope
Les dons qu'à ses amants cette muse a promis,
Je les consacrerais aux mensonges d'Ésope :
Le mensonge et les vers de tout temps sont amis.
Mais je ne me crois pas si chéri du Parnasse
Que de savoir orner toutes ces fictions.
On peut donner du lustre à leurs inventions ;
On le peut, je l'essaie ; un plus savant le fasse.
Cependant jusqu'ici d'un langage nouveau
J'ai fait parler le loup et répondre l'agneau ;
J'ai passé plus avant : les arbres et les plantes
Sont devenus chez moi créatures parlantes.
Qui ne prendrait ceci pour un enchantement ?
Vraiment, me diront nos critiques,
Vous parlez magnifiquement
De cinq ou six contes d'enfant.
Censeurs, en voulez-vous qui soient plus authentiques
Et d'un style plus haut ? En voici. Les Troyens,
Après dix ans de guerre autour de leurs murailles,
Avaient lassé les Grecs, qui, par mille moyens,
Par mille assauts, par cent batailles,
N'avaient pu mettre à bout cette fière cité ;
Quand un cheval de bois, par Minerve inventé,
D'un rare et nouvel artifice,
Dans ses énormes flancs reçut le sage Ulysse,
Le vaillant Diomède, Ajax l'impétueux,
Que ce colosse monstrueux
Avec leurs escadrons devait porter dans Troie,
Livrant à leur fureur ses dieux mêmes en proie :
Stratagème inouï, qui des fabricateurs
Paya la constance et la peine.
C'est assez, me dira quelqu'un de nos auteurs :
La période est longue, il faut reprendre haleine ;
Et puis, votre cheval de bois,
Vos héros avec leurs phalanges,
Ce sont des contes plus étranges
Qu'un renard qui cajole un corbeau sur sa voix ;
De plus, il vous sied mal d'écrire en si haut style.
Eh bien ! baissons d'un ton. La jalouse Amaryllé
Songeait à son Alcippe, et croyait de ses soins
N'avoir que ses moutons et son chien pour témoins.

Tircis qui l'aperçut, se glisse entre des saules ;
Il entend la bergère adressant ces paroles
Au doux zéphyr, et le priant
De les porter à son amant.
Je vous arrête à cette rime
Dira mon censeur à l'instant ;
Je ne la tiens pas légitime
Ni d'une assez grande vertu
Remettez, pour le mieux, ces deux vers à la fonte.
Maudit censeur ! te tairas-tu ?
Ne saurais-je achever mon conte ?
C'est un dessein très dangereux
Que d'entreprendre de te plaire.
Les délicats sont malheureux :
Rien ne saurait les satisfaire.

LE LOUP PLAIDANT CONTRE LE RENARD PAR-DEVANT LE SINGE

Un loup disait que l'on l'avait volé :
Un renard, son voisin, d'assez mauvaise vie,
Pour ce prétendu vol par lui fut appelé.
Devant le singe il fut plaidé,
Non point par avocat, mais par chaque partie.
Thémis n'avait point travaillé,
De mémoire de singe, à fait plus embrouillé.
Le magistrat suait en son lit de justice.
Après qu'on eut bien contesté,
Répliqué, crié, tempêté,
Le juge, instruit de leur malice,
Leur dit : Je vous connais de longtemps, mes amis ;
Et tous deux vous paierez l'amende ;
Car toi, loup, tu te plains, quoiqu'on ne t'ait rien pris ;
Et toi, renard, as pris ce que l'on te demande.
Le juge prétendait qu'à tort et à travers
On ne saurait manquer, condamnant un pervers.

LES DEUX TAUREAUX ET LA GRENOUILLE

Deux taureaux combattaient à qui posséderait
Une génisse avec l'empire.
Une grenouille en soupirait.
Qu'avez-vous ? se mit à lui dire
Quelqu'un du peuple croassant.
Eh ! ne voyez-vous pas, dit-elle,
Que la fin de cette querelle,
Sera l'exil de l'un ; que l'autre, le chassant,
Le fera renoncer aux campagnes fleuries ?
Il ne régnera plus sur l'herbe des prairies,
Viendra dans nos marais régner sur les roseaux ;
Et nous foulant aux pieds jusques au fond des eaux,
Tantôt l'une, et puis l'autre, il faudra qu'on pâtisse
Du combat qu'a causé madame la génisse.
Cette crainte était de bon sens.
L'un des taureaux en leur demeure
S'alla cacher, à leurs dépens :
Il en écrasait vingt par heure.
Hélas ! on voit que de tout temps
Les petits ont pâti des sottises des grands.

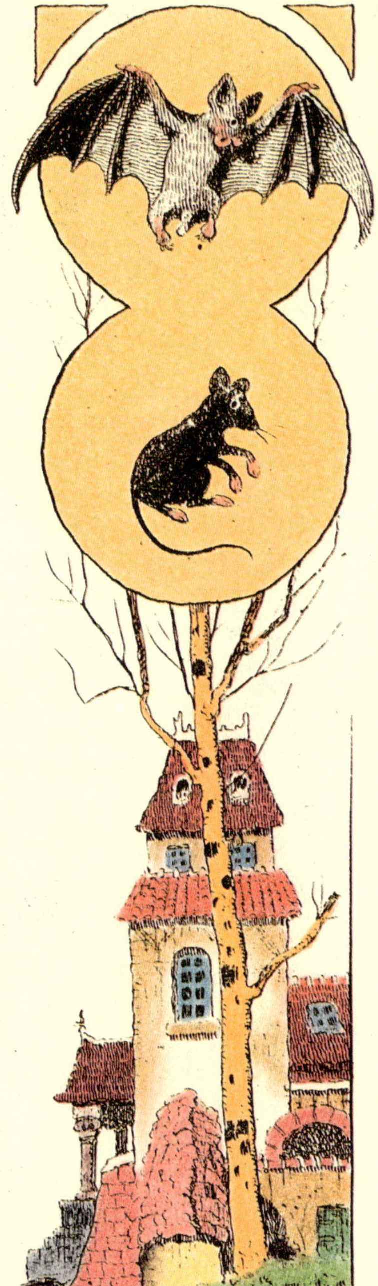

LA CHAUVE-SOURIS ET LES DEUX BELETTES

Une chauve-souris donna tête baissée
Dans un nid de belette ; et, sitôt qu'elle y fut,
L'autre, envers les souris de longtemps courroucée,
Pour la dévorer accourut.
Quoi ! vous osez, dit-elle, à mes yeux vous produire,
Après que votre race a tâché de me nuire !
N'êtes-vous pas souris ? Parlez sans fiction.
Oui, vous l'êtes ; ou bien je ne suis pas belette.
Pardonnez-moi, dit la pauvrette,
Ce n'est pas ma profession.
Moi, souris ! des méchants vous ont dit ces nouvelles
Grâce à l'auteur de l'univers,
Je suis oiseau : voyez mes ailes ;
Vive la gent qui fend les airs !
Sa raison plut, et sembla bonne.
Elle fait si bien qu'on lui donne
Liberté de se retirer.
Deux jours après, notre étourdie
Aveuglément va se fourrer
Chez une autre belette aux oiseaux ennemie.
La voilà derechef en danger de sa vie.
La dame du logis avec son long museau
S'en allait la croquer en qualité d'oiseau,
Quand elle protesta qu'on lui faisait outrage :
Moi, pour telle passer ! Vous n'y regardez pas.
Qui fait l'oiseau ? c'est le plumage.
Je suis souris ; vivent les rats !
Jupiter confonde les chats !
Par cette adroite repartie
Elle sauva deux fois sa vie.
Plusieurs se sont trouvés qui, d'écharpes changeant,
Aux dangers, ainsi qu'elle, ont souvent fait la figue.
Le sage dit, selon les gens :
Vive le roi ! vive la ligue !

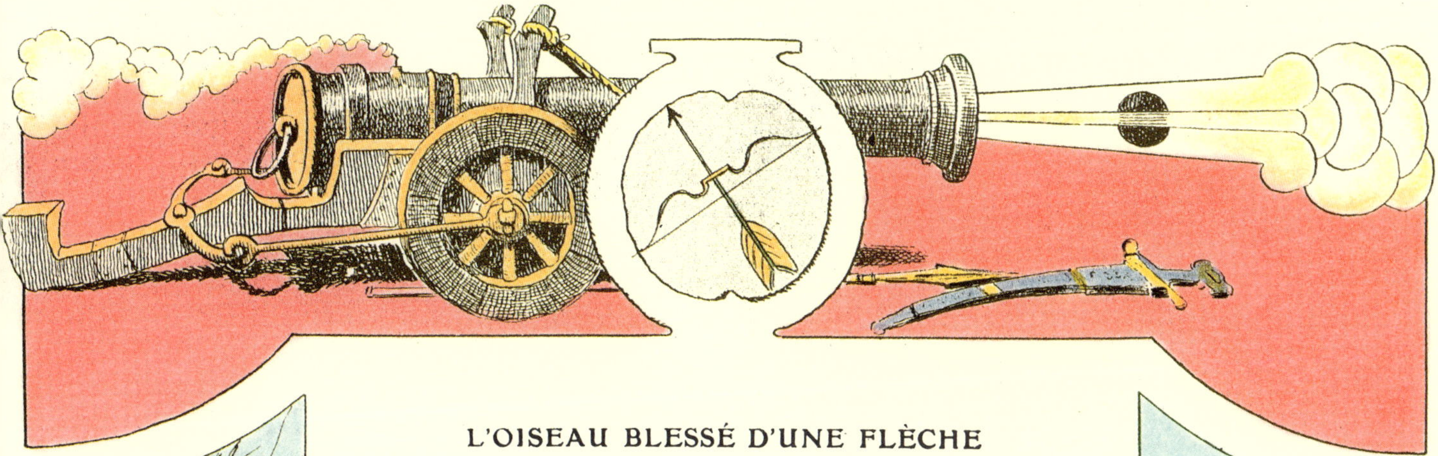

L'OISEAU BLESSÉ D'UNE FLÈCHE

Mortellement atteint d'une flèche empennée,
Un oiseau déplorait sa triste destinée,
Et disait, en souffrant un surcroît de douleur :
Faut-il contribuer à son propre malheur ?
Cruels humains ! vous tirez de nos ailes
De quoi faire voler ces machines mortelles !
Mais ne vous moquez point, engeance sans pitié :
Souvent il vous arrive un sort comme le nôtre,
Des enfants de Japet toujours une moitié
Fournira des armes à l'autre.

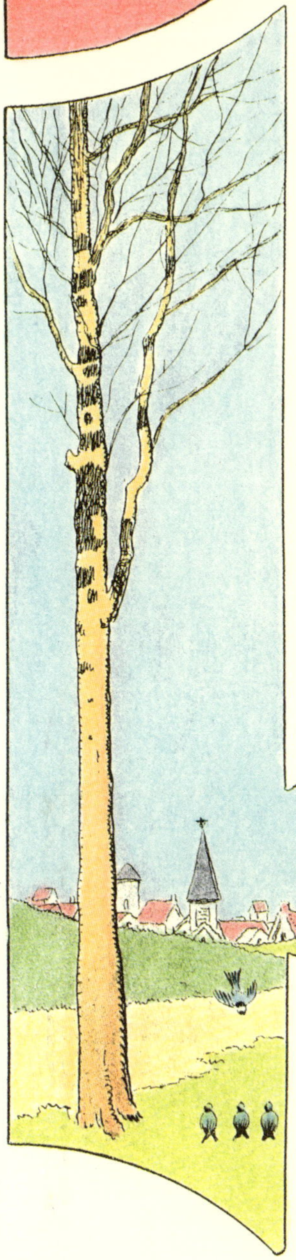

LA LICE ET SA COMPAGNE

Une lice étant sur son terme,
Et ne sachant où mettre un fardeau si pressant,
Fait si bien qu'à la fin sa compagne consent
De lui prêter sa hutte, où la lice s'enferme.
Au bout de quelque temps sa compagne revient.
La lice lui demande encore une quinzaine ;
Ses petits ne marchaient, disait-elle, qu'à peine.
Pour faire court, elle l'obtient.
Ce second terme échu, l'autre lui redemande
Sa maison, sa chambre, son lit.
La lice cette fois montre les dents, et dit :
Je suis prête à sortir avec toute ma bande,
Si vous pouvez nous mettre hors.
Ses enfants étaient déjà forts.
Ce qu'on donne aux méchants, toujours on le regrette.
Pour tirer d'eux ce qu'on leur prête
Il faut que l'on en vienne aux coups ;
Il faut plaider ; il faut combattre.
Laissez-leur prendre un pied chez vous :
Ils en auront bientôt pris quatre.

L'AIGLE ET L'ESCARBOT

L'aigle donnait la chasse à maître Jean lapin,
Qui droit à son terrier s'enfuyait au plus vite.
Le trou de l'escarbot se rencontre en chemin.
Je laisse à penser si ce gîte
Était sûr : mais où mieux ? Jean lapin s'y blottit.
L'aigle fondant sur lui, nonobstant cet asile,
L'escarbot intercède et dit :
Princesse des oiseaux, il vous est fort facile
D'enlever malgré moi ce pauvre malheureux :
Mais ne me faites pas cet affront, je vous prie,
Et puisque Jean lapin vous demande la vie,
Donnez-la-lui, de grâce, ou l'ôtez à tous deux :
C'est mon voisin, c'est mon compère.
L'oiseau de Jupiter, sans répondre un seul mot,
Choque de l'aile l'escarbot,
L'étourdit, l'oblige à se taire,
Enlève Jean lapin. L'escarbot indigné
Vole au nid de l'oiseau, fracasse, en son absence,
Ses œufs, ses tendres œufs, sa plus douce espérance ;
Pas un seul ne fut épargné.
L'aigle étant de retour, et voyant ce ménage,
Remplit le ciel de cris ; et, pour comble de rage,
Ne sait sur qui venger le tort qu'elle a souffert.
Elle gémit en vain ; sa plainte au vent se perd.
Il fallut pour cet an vivre en mère affligée.
L'an suivant, elle mit son nid en lieu plus haut.
L'escarbot prend son temps, fait faire aux œufs le saut.
La mort de Jean lapin derechef est vengée.
Ce second deuil fut tel, que l'écho de ces bois
N'en dormit de plus de six mois.
L'oiseau qui porte Ganymède
Du monarque des dieux enfin implore l'aide,
Dépose en son giron ses œufs, et croit qu'en paix
Ils seront dans ce lieu ; que, pour ses intérêts,
Jupiter se verra contraint de les défendre :
Hardi qui les irait là prendre.
Aussi ne les y prit-on pas.
Leur ennemi changea de note,

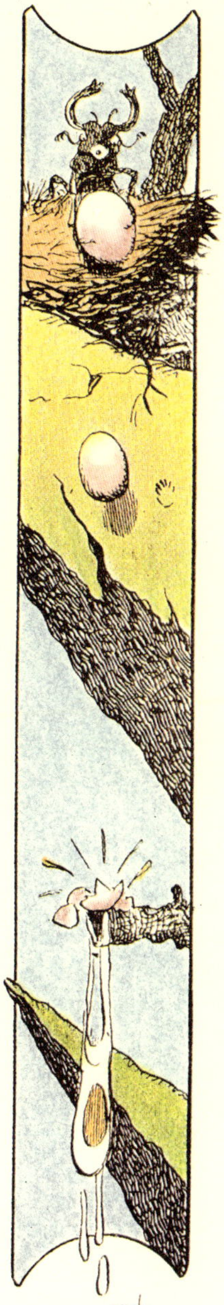

Sur la robe du dieu fit tomber une crotte
Le dieu la secouant jeta les œufs à bas.
    Quand l'aigle sut l'inadvertance,
    Elle menaça Jupiter
D'abandonner sa cour, d'aller vivre au désert ;
    De quitter toute dépendance ;
    Avec mainte autre extravagance.
    Le pauvre Jupiter se tut :
Devant son tribunal l'escarbot comparut,
    Fit sa plainte, et conta l'affaire.
On fit entendre à l'aigle enfin qu'elle avait tort.
Mais, les deux ennemis ne voulant point d'accord,
Le monarque des dieux s'avisa, pour bien faire,
De transporter le temps où l'aigle fait l'amour,
En une autre saison, quand la race escarbote
Est en quartier d'hiver, et, comme la marmotte,
    Se cache et ne voit point le jour.

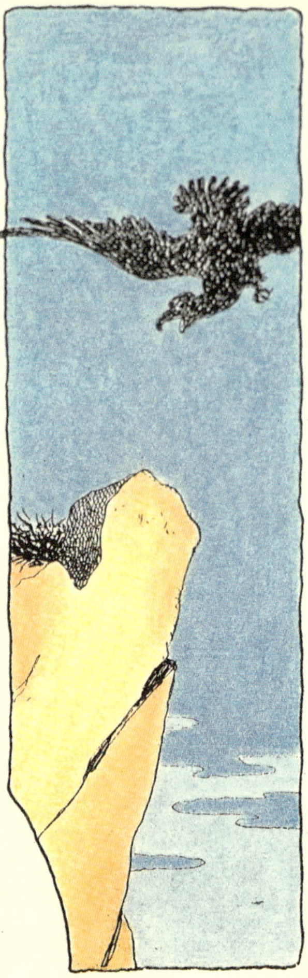

LE LION ET LE MOUCHERON

Va-t'en, chétif insecte, excrément de la terre !
C'est en ces mots que le lion
Parlait un jour au moucheron.
L'autre lui déclara la guerre :
Penses-tu, lui dit-il, que ton titre de roi
Me fasse peur ni me soucie ?
Un bœuf est plus puissant que toi ;
Je le mène à ma fantaisie.
A peine il achevait ces mots
Que lui-même il sonna la charge,
Fut le trompette et le héros.
Dans l'abord il se met au large ;
Puis prend son temps, fond sur le cou
Du lion, qu'il rend presque fou.
Le quadrupède écume, et son œil étincelle ;
Il rugit. On se cache, on tremble à l'environ ;
Et cette alarme universelle
Est l'ouvrage d'un moucheron.
Un avorton de mouche en cent lieux le harcelle ;
Tantôt pique l'échine, et tantôt le museau,
Tantôt entre au fond du naseau.
La rage alors se trouve à son faîte montée.
L'invisible ennemi triomphe, et rit de voir
Qu'il n'est griffe ni dent en la bête irritée
Qui de la mettre en sang ne fasse son devoir.
Le malheureux lion se déchire lui-même,
Fait résonner sa queue à l'entour de ses flancs,
Bat l'air, qui n'en peut mais ; et sa fureur extrême
Le fatigue, l'abat : le voilà sur les dents.
L'insecte du combat se retire avec gloire :
Comme il sonna la charge, il sonne la victoire,
Va partout l'annoncer, et rencontre en chemin
L'embuscade d'une araignée ;
Il y rencontre aussi sa fin.
Quelle chose par là nous peut être enseignée ?
J'en vois deux, dont l'une est qu'entre vos ennemis
Les plus à craindre sont souvent les plus petits ;
L'autre, qu'aux grands périls tel a pu se soustraire,
Qui périt pour la moindre affaire.

L'ANE CHARGÉ D'ÉPONGES
ET L'ANE CHARGÉ DE SEL

Un ânier, son sceptre à la main,
Menait, en empereur romain,
Deux coursiers à longues oreilles.
L'un, d'éponges chargé, marchait comme un courrier,
Et l'autre, se faisant prier,
Portait, comme on dit, les bouteilles :
Sa charge était de sel. Nos gaillards pèlerins,
Par monts, par vaux, et par chemins,
Au gué d'une rivière à la fin arrivèrent,
Et fort empêchés se trouvèrent,
L'ânier, qui tous les jours traversait ce gué-là,
Sur l'âne à l'éponge monta,
Chassant devant lui l'autre bête,
Qui, voulant en faire à sa tête,
Dans un trou se précipita,
Revint sur l'eau, puis échappa :
Car, au bout de quelques nagées,
Tout son sel se fondit si bien
Que le baudet ne sentit rien
Sur ses épaules soulagées,
Camarade épongier prit exemple sur lui,
Comme un mouton qui va dessus la foi d'autrui.
Voilà mon âne à l'eau ; jusqu'au col il se plonge,
Lui, le conducteur, et l'éponge.
Tous trois burent d'autant : l'ânier et le grison
Firent à l'éponge raison.
Celle-ci devint si pesante,
Et de tant d'eau s'emplit d'abord,
Que l'âne succombant ne put gagner le bord.
L'ânier l'embrassait, dans l'attente
D'une prompte et certaine mort.
Quelqu'un vint au secours : qui ce fut, il n'importe,
C'est assez qu'on ait vu par là qu'il ne faut point
Agir chacun de même sorte.
J'en voulais venir à ce point.

LE LION ET LE RAT

Il faut, autant qu'on peut, obliger tout le monde :
On a souvent besoin d'un plus petit que soi.
De cette vérité deux fables feront foi ;
Tant la chose en preuves abonde,
Entre les pattes d'un lion
Un rat sortit de terre assez à l'étourdie.
Le roi des animaux, en cette occasion,
Montra ce qu'il était et lui donna la vie.
Ce bienfait ne fut pas perdu.
Quelqu'un aurait-il jamais cru
Qu'un lion d'un rat eût affaire ?
Cependant il avint qu'au sortir des forêts
Ce lion fut pris dans des rets,
Dont ses rugissements ne le purent défaire.
Sire rat accourut et fit tant par ses dents
Qu'une maille rongée emporta tout l'ouvrage.
Patience et longueur de temps
Font plus que force ni que rage.

LA COLOMBE ET LA FOURMI

L'autre exemple est tiré d'animaux plus petits.
Le long d'un clair ruisseau buvait une colombe
Quand sur l'eau se penchant une fourmi y tombe ;
Et dans cet océan l'on eût vu la fourmi
S'efforcer, mais en vain, de regagner la rive.
La colombe aussitôt usa de charité.
Un brin d'herbe dans l'eau par elle étant jeté,
Ce fut un promontoire où la fourmi arrive.
Elle se sauve. Et là-dessus
Passe un certain croquant qui marchait les pieds nus.
Ce croquant, par hasard, avait une arbalète.
Dès qu'il voit l'oiseau de Vénus,
Il le croit en son pot, et déjà lui fait fête.
Tandis qu'à le tuer mon villageois s'apprête,
La fourmi le pique au talon.
Le vilain retourne la tête :
La colombe l'entend, part, et tire de long.
Le souper du croquant avec elle s'envole :
Point de pigeon pour une obole.

LE CORBEAU VOULANT IMITER L'AIGLE

L'oiseau de Jupiter enlevant un mouton,
Un corbeau, témoin de l'affaire,
Et plus faible de reins, mais non pas moins glouton,
En voulut sur l'heure autant faire.
Il tourne à l'entour du troupeau,
Marque entre cent moutons le plus gras, le plus beau,
Un vrai mouton de sacrifice :
On l'avait réservé pour la bouche des dieux.
Gaillard corbeau disait, en le couvant des yeux
Je ne sais qui fut ta nourrice ;
Mais ton corps me paraît en merveilleux état :
Tu me serviras de pâture.
Sur l'animal bêlant à ces mots il s'abat.
La moutonnière créature
Pesait plus qu'un fromage ; outre que sa toison
Était d'une épaisseur extrême,
Et mêlée à peu près de la même façon
Que la barbe de Polyphème.
Elle empêtra si bien les serres du corbeau,
Que le pauvre animal ne put faire retraite :
Le berger vient, le prend, l'encage bien et beau
Le donne à ses enfants pour servir d'amusette.
Il faut se mesurer ; la conséquence est nette :
Mal prend aux volereaux de faire les voleurs.
L'exemple est un dangereux leurre :
Tous les mangeurs de gens ne sont pas grands seigneurs,
Où la guêpe a passé, le moucheron demeure.

L'ASTROLOGUE QUI SE LAISSE TOMBER DANS UN PUITS.

Un astrologue un jour se laissa choir
Au fond d'un puits. On lui dit : Pauvre bête,
Tandis qu'à peine à tes pieds tu peux voir,
Penses-tu lire au-dessus de ta tête ?
Cette aventure en soi, sans aller plus avant,
Peut servir de leçon à la plupart des hommes.
Parmi ce que de gens sur la terre nous sommes,
Il en est peu qui fort souvent
Ne se plaisent d'entendre dire
Qu'au livre du destin les mortels peuvent lire.
Mais ce livre qu'Homère et les siens ont chanté,
Qu'est-ce, que le hasard parmi l'antiquité,
Et parmi nous la Providence ?
Or du hasard il n'est point de science :
S'il en était, on aurait tort
De l'appeler hasard, ni fortune, ni sort ;
Toutes choses très incertaines.
Quant aux volontés souveraines
De celui qui fait tout, et rien qu'avec dessein,
Qui les sait, que lui seul ? Comment lire en son sein ?
Aurait-il imprimé sur le front des étoiles
Ce que la nuit des temps enferme dans ses voiles ?
A quelle utilité ? Pour exercer l'esprit
De ceux qui de la sphère et du globe ont écrit ?
Pour nous faire éviter des maux inévitables ?
Nous rendre, dans les biens, de plaisirs incapables
Et, causant du dégoût pour ces biens prévenus,
Les convertir en maux devant qu'ils soient venus ?
C'est erreur, ou plutôt c'est crime de le croire.
Le firmament se meut, les astres font leur cours,
Le soleil nous luit tous les jours,
Tous les jours sa clarté succède à l'ombre noire,
Sans que nous en puissions autre chose inférer
Que la nécessité de luire et d'éclairer,

D'amener les saisons, de mûrir les semences,
De verser sur les corps certaines influences.
Du reste, en quoi répond au sort toujours divers
Ce train toujours égal dont marche l'univers ?
Charlatans, faiseurs d'horoscope,
Quittez les cours des princes de l'Europe ;
Emmenez avec vous les souffleurs tout d'un temps :
Vous ne méritez pas plus de foi que ces gens.
Je m'emporte un peu trop : revenons à l'histoire
De ce spéculateur qui fut contraint de boire.
Outre la vanité de son art mensonger,
C'est l'image de ceux qui bâillent aux chimères,
Cependant qu'ils sont en danger,
Soit pour eux, soit pour leurs affaires.

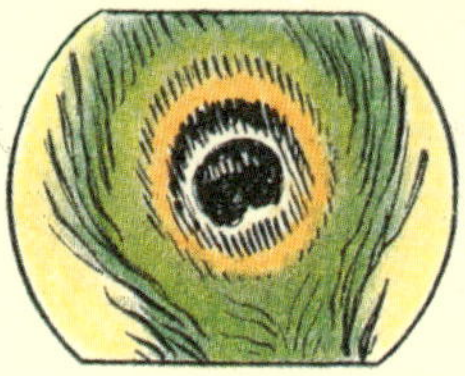

LE PAON SE PLAIGNANT A JUNON

Le paon se plaignait à Junon.
Déesse, disait-il, ce n'est pas sans raison
Que je me plains, que je murmure :
Le chant dont vous m'avez fait don
Déplaît à toute la nature ;
Au lieu qu'un rossignol, chétive créature,
Forme des sons aussi doux qu'éclatants,
Est lui seul l'honneur du printemps.
Junon répondit en colère :
Oiseau jaloux, et qui devrais te taire,
Est-ce à toi d'envier la voix du rossignol,
Toi que l'on voit porter à l'entour de ton col
Un arc-en-ciel nué de cent sortes de soies ;
Qui te panades, qui déploies
Une si riche queue et qui semble à nos yeux
La boutique d'un lapidaire ?
Est-il quelque oiseau sous les cieux
Plus que toi capable de plaire ?
Tout animal n'a pas toutes propriétés.
Nous vous avons donné diverses qualités :
Les uns ont la grandeur et la force en partage ;
Le faucon est léger, l'aigle plein de courage,
Le corbeau sert pour le présage ;
La corneille avertit des malheurs à venir ;
Tous sont contents de leur ramage.
Cesse donc de te plaindre ; ou bien, pour te punir,
Je t'ôterai ton plumage.

LE LIÈVRE ET LES GRENOUILLES

Un lièvre en son gîte songeait,
(Car que faire en un gîte, à moins que l'on ne songe ?)
Dans un profond ennui ce lièvre se plongeait
Cet animal est triste, et la crainte le ronge.
Les gens de naturel peureux
Sont, disait-il, bien malheureux !
Ils ne sauraient manger morceau qui leur profite :
Jamais un plaisir pur ; toujours assauts divers.
Voilà comme je vis : cette crainte maudite
M'empêche de dormir, sinon les yeux ouverts.
Corrigez-vous, dira quelque sage cervelle.
Et la peur se corrige-t-elle ?
Je crois même qu'en bonne foi
Les hommes ont peur comme moi.
Ainsi raisonnait notre lièvre,
Et cependant faisait le guet.
Il était douteux, inquiet :
Un souffle, une ombre, un rien, tout lui donnait la fièvre.
Le mélancolique animal,
En rêvant à cette matière,
Entend un léger bruit : ce lui fut un signal
Pour s'enfuir devers sa tanière.
Il s'en alla passer sur le bord d'un étang.
Grenouilles aussitôt de sauter dans les ondes ;
Grenouilles de rentrer dans leurs grottes profondes.
Oh ! dit-il, j'en fais faire autant
Qu'on m'en fait faire ! Ma présence
Effraie aussi les gens ! je mets l'alarme au camp !
Et d'où me vient cette vaillance ?
Comment ! des animaux qui tremblent devant moi !
Je suis donc un foudre de guerre !
Il n'est, je le vois bien, si poltron sur la terre,
Qui ne puisse trouver un plus poltron que soi.

LA CHATTE MÉTAMORPHOSÉE EN FEMME

Un homme chérissait éperdument sa chatte
Il la trouvait mignonne et belle et délicate,
    Qui miaulait d'un ton fort doux :
    Il était plus fou que les fous.
  Cet homme donc, par prières, par larmes,
    Par sortilèges et par charmes,
    Fait tant qu'il obtient du destin
    Que sa chatte, en un beau matin,
    Devient femme ; et, le matin même,
    Maître sot en fait sa moitié.
    Le voilà fou d'amour extrême,
    De fou qu'il était d'amitié.
    Jamais la dame la plus belle
    Ne charma tant son favori
    Que fait cette épouse nouvelle
    Son hypocondre de mari :
    Il n'y trouve plus rien de chatte ;
Lorsque quelques souris qui rongeaient dans la natte
Troublèrent le repos des nouveaux mariés.
    Aussitôt la femme est sur pied.
    Elle manqua son aventure.
Souris de revenir, femme d'être en posture :
  Pour cette fois elle accourut à point.
    Car, ayant changé de figure,
    Les souris ne la craignaient point.
    Ce lui fut toujours une amorce :
    Tant le naturel a de force !
Il se moque de tout : certain âge accompli,
Le vase est imbibé, l'étoffe a pris son pli.
    En vain de son train ordinaire
    On le veut désaccoutumer :
    Quelque chose qu'on puisse faire,
    On ne saurait le réformer.
    Coups de fourche ni d'étrivière
    Ne lui font changer de manières ;
    Et fussiez-vous embâtonnés,
    Jamais vous n'en serez les maîtres,
    Qu'on lui ferme la porte au nez,
    Il reviendra par les fenêtres.

LE LION ET L'ANE CHASSANT

Le roi des animaux se mit un jour en tête
De giboyer : il célébrait sa fête.
Le gibier du lion, ce ne sont pas moineaux,
Mais beaux et bons sangliers, daims et cerfs bons et beaux.
Pour réussir dans cette affaire,
Il se servit du ministère
De l'âne à la voix de Stentor.
L'âne à messer lion fit office de cor.
Le lion le posta, le couvrit de ramée,
Lui commanda de braire, assuré qu'à ce son
Les moins intimidés fuiraient de leur maison.
Leur troupe n'était pas encore accoutumée
A la tempête de sa voix.
L'air en retentissait d'un bruit épouvantable :
La frayeur saisissait les hôtes de ces bois ;
Tous fuyaient, tous tombaient au piège inévitable
Où les attendait le lion.
N'ai-je pas bien servi dans cette occasion ?
Dit l'âne en se donnant tout l'honneur de la chasse.
Oui, reprit le lion, c'est bravement crié :
Si je ne connaissais ta personne et ta race,
J'en serais moi-même effrayé.
L'âne, s'il eût osé, se fût mis en colère,
Encor qu'on le raillât avec juste raison ;
Car qui pourrait souffrir un âne fanfaron ?
Ce n'est pas là leur caractère.

LE COQ ET LE RENARD

Sur la branche d'un arbre était en sentinelle
  Un vieux coq adroit et matois.
Frère, dit un renard, adoucissant sa voix,
  Nous ne sommes plus en querelle :
  Paix générale cette fois.
Je viens te l'annoncer ; descends, que je t'embrasse.
  Ne me retarde point, de grâce ;
Je dois faire aujourd'hui vingt postes sans manquer.
  Les tiens et toi pouvez vaquer,
  Sans nulle crainte, à vos affaires ;
  Nous vous y servirons en frères.
  Faites-en les feux dès ce soir,
  Et cependant viens recevoir,
  Le baiser d'amour fraternel.
Ami, reprit le coq, je ne pouvais jamais
Apprendre une plus douce et meilleure nouvelle
    Que celle
   De cette paix ;
  Et ce m'est une double joie
De la tenir de toi. Je vois deux lévriers,
  Qui, je m'assure, sont courriers
  Que pour ce sujet on envoie :
Ils vont vite, et seront dans un moment à nous.
Je descends : nous pourrons nous entre-baiser tous.
Adieu, dit le renard, ma traite est longue à faire ;
Nous nous réjouirons du succès de l'affaire
 Une autre fois. Le galant aussitôt
  Tire ses grègues, gagne au haut,
  Mal content de son stratagème.
  Et notre vieux coq en soi-même
  Se mit à rire de sa peur ;
Car c'est double plaisir de tromper le trompeur.

TESTAMENT EXPLIQUÉ PAR ÉSOPE

Si ce qu'on dit d'Ésope est vrai,
C'était l'oracle de la Grèce :
Lui seul avait plus de sagesse
Que tout l'aréopage. En voici pour essai
Une histoire des plus gentilles,
Et qui pourra plaire au lecteur.
Un certain homme avait trois filles,
Toutes trois de contraire humeur :
Une buveuse, une coquette,
La troisième, avare parfaite.
Cet homme par son testament,
Selon les lois municipales,
Leur laissa tout son bien par portions égales,
En donnant à leur mère tant,
Payable quand chacune d'elles
Ne posséderait plus sa contingente part.
Le père mort, les trois femelles
Courent au testament, sans attendre plus tard.
On le lit, on tâche d'entendre
La volonté du testateur ;
Mais en vain : car comment comprendre
Qu'aussitôt que chacune sœur
Ne possédera plus sa part héréditaire,
Il lui faudra payer sa mère ?
Ce n'est pas un fort bon moyen
Pour payer, que d'être sans bien.
Que voulait donc dire le père ?
L'affaire est consultée ; et tous les avocats,
Après avoir tourné le cas
En cent et cent mille manières,
Y jettent leur bonnet, se confessent vaincus,
Et conseillent aux héritières
De partager le bien sans songer au surplus.
Quant à la somme de la veuve,
Voici, leur dirent-ils, ce que le conseil treuve :
Il faut que chaque sœur se charge par traité
Du tiers, payable à volonté ;
Si mieux n'aime la mère en créer une rente,
Dès le décès du mort courante.
La chose ainsi réglée, on composa trois lots :

En l'un, les maisons de bouteille,
Les buffets dressés sous la treille,
La vaisselle d'argent, les cuvettes, les brocs,
Les magasins de Malvoisie,
Les esclaves de bouche, et, pour dire en deux mots,
L'attirail de la goinfrerie ;
Dans un autre, celui de la coquetterie,
La maison de la ville, et les meubles exquis,
Les eunuques et les coiffeuses,
Et les brodeuses,
Les joyaux, les robes de prix ;
Dans le troisième lot, les termes, le ménage,
Les troupeaux et le pâturage,
Valets et bêtes de labeur.
Ces lots faits, on jugea que le sort pourrait faire
Que peut-être pas une sœur
N'aurait ce qui lui pourrait plaire.
Ainsi chacune prit son inclination,
Le tout à l'estimation,
Ce fut dans la ville d'Athènes
Que cette rencontre arriva.
Petits et grands, tout approuva
Le partage et le choix : Ésope seul trouva
Qu'après bien du temps et des peines
Les gens avaient pris justement
Le contre-pied du testament.
Si le défunt vivait, disait-il, que l'Attique
Aurait de reproches de lui :
Comment ! ce peuple, qui se pique
D'être le plus subtil des peuples d'aujourd'hui,
A si mal entendu la volonté suprême
D'un testateur ! Ayant ainsi parlé,
Il fait le partage lui-même,
Et donne à chaque sœur un lot contre son gré ;
Rien qui pût être convenable,
Partant rien aux sœurs d'agréable ;
A la coquette, l'attirail
Qui suit les personnes buveuses ;
La biberonne eut le bétail ;
La ménagère eut les coiffeuses.
Tel fut l'avis du Phrygien,
Alléguant qu'il n'était moyen

Plus sûr pour obliger ces filles
A se défaire de leur bien ;
Qu'elles se marieraient dans les bonnes familles
Quand on leur verrait de l'argent ;
Paieraient leur mère tout comptant ;
Ne posséderaient plus les effets de leur père :
Ce que disait le testament.
Le peuple s'étonna comme il se pouvait faire
Qu'un homme seul eût plus de sens
Qu'une multitude de gens.

LE MEUNIER, SON FILS ET L'ANE

L'invention des arts étant un droit d'aînesse,
Nous devons l'apologue à l'ancienne Grèce ;
Mais ce champ ne se peut tellement moissonner
Que les derniers venus n'y trouvent à glaner.
La feinte est un pays plein de terres désertes ;
Tous les jours nos auteurs y font des découvertes ;
Je t'en veux dire un trait assez bien inventé :
Autrefois à Racan Malherbe l'a conté.
Ces deux rivaux d'Horace, héritiers de sa lyre,
Disciples d'Apollon, nos maîtres pour mieux dire,
Se rencontrant un jour tout seuls et sans témoins
(Comme ils se confiaient leurs pensers et leurs soins),
Racan commence ainsi : Dites-moi, je vous prie,
Vous qui devez savoir les choses de la vie,
Qui par tous ses degrés avez déjà passé,
Et que rien ne doit fuir en cet âge avancé,
A quoi me résoudrai-je ? Il est temps que j'y pense.
Vous connaissez mon bien, mon talent, ma naissance :
Dois-je dans la province établir mon séjour,
Prendre emploi dans l'armée ou bien charge à la cour ?
Tout au monde est mêlé d'amertume et de charmes :
La guerre a ses douceurs, l'hymen a ses alarmes.
Si je suivais mon goût, je saurais où buter ;
Mais j'ai les miens, la cour, le peuple à contenter.
Malherbe là-dessus : Contenter tout le monde !
Écoutez ce récit avant que je réponde.
J'ai lu dans quelque endroit qu'un meunier et son fils,
L'un vieillard, l'autre enfant, non pas des plus petits,
Mais garçon de quinze ans, si j'ai bonne mémoire,
Allaient vendre leur âne, un certain jour de foire.
Afin qu'il fût plus frais et de meilleur débit,
On lui lia les pieds, on vous le suspendit ;
Puis cet homme et son fils le portent comme un lustre.
Pauvres gens ! idiots ! couple ignorant et rustre !
Le premier qui les vit de rire s'éclata :
Quelle farce, dit-il, vont jouer ces gens-là ?
Le plus âne des trois n'est pas celui qu'on pense.
Le meunier, à ces mots, connaît son ignorance ;
Il met sur pied sa bête, et la fait détaler.
L'âne, qui goûtait fort l'autre façon d'aller,

Se plaint en son patois. Le meunier n'en a cure.
Il fait monter son fils, il suit : et, d'aventure,
Passent trois bons marchands. Cet objet leur déplut.
Le plus vieux au garçon s'écria tant qu'il put :
Oh là ! oh ! descendez, que l'on ne vous le dise,
Jeune homme, qui menez laquais à barbe grise,
C'était à vous de suivre, au vieillard de monter.
Messieurs, dit le meunier, il vous faut contenter.
L'enfant met pied à terre, et puis le vieillard monte ;
Quand trois filles passant, l'une dit : C'est grand'honte
Qu'il faille voir ainsi clocher ce jeune fils,
Tandis que ce nigaud, comme un évêque assis,
Fait le veau sur son âne, et pense être bien sage.
Il n'est, dit le meunier, plus de veaux à mon âge :
Passez votre chemin, la fille, et m'en croyez.
Après maints quolibets coup sur coup renvoyés,
L'homme crut avoir tort, et mit son fils en croupe.
Au bout de trente pas, une troisième troupe
Trouve encore à gloser. L'un dit : Ces gens sont fous !
Le baudet n'en peut plus ; il mourra sous leurs coups.
Hé quoi ! charger ainsi cette pauvre bourrique !
N'ont-ils point de pitié de leur vieux domestique ?
Sans doute qu'à la foire ils vont vendre sa peau.
Parbieu ! dit le meunier, est bien fou du cerveau
Qui prétend contenter tout le monde et son père.
Essayons toutefois si par quelque manière
Nous en viendrons à bout. Ils descendent tous deux.
L'âne se prélassant marche seul devant eux.
Un quidam les rencontre, et dit : Est-ce la mode
Que baudet aille à l'aise, et meunier s'incommode ?
Qui de l'âne ou du maître est fait pour se lasser ?
Je conseille à ces gens de le faire enchâsser.
Ils usent leurs souliers, et conservent leur âne !
Nicolas, au rebours : car, quand il va voir Jeanne,
Il monte sur sa bête ; et la chanson le dit.
Beau trio de baudets ! Le meunier repartit :
Je suis âne, il est vrai, j'en conviens, je l'avoue :
Mais que dorénavant on me blâme, on me loue,
Qu'on dise quelque chose ou qu'on ne dise rien,
J'en veux faire à ma tête. Il le fit, et fit bien.
Quant à vous, suivez Mars, ou l'Amour, ou le Prince ;
Allez, venez, courez ; demeurez en province ;
Prenez femme, abbaye, emploi, gouvernement :
Les gens en parleront, n'en doutez nullement.

LES MEMBRES ET L'ESTOMAC

Je devais par la royauté
Avoir commencé mon ouvrage.
A la voir d'un certain coté,
Messer Gaster en est l'image ;
S'il a quelque besoin, tout le corps s'en ressent.
De travailler pour lui les membres se lassant,
Chacun d'eux résolut de vivre en gentilhomme,
Sans rien faire, alléguant l'exemple de Gaster.
Il faudrait, disaient-ils, sans nous qu'il vécût d'air.
Nous suons, nous peinons comme bêtes de somme ;
Et pour qui ? pour lui seul : nous n'en profitons pas ;
Notre soin n'aboutit qu'à fournir ses repas.
Chômons, c'est un métier qu'il veut nous faire apprendre.
Ainsi dit, ainsi fait. Les mains cessent de prendre,
Les bras d'agir, les jambes de marcher.
Tous dirent à Gaster qu'il en allât chercher.
Ce leur fut une erreur dont ils se repentirent :
Bientôt les pauvres gens tombèrent en langueur ;
Il ne se forma plus de nouveau sang au cœur ;
Chaque membre en souffrit ; les forces se perdirent.
Par ce moyen, les mutins virent
Que celui qu'ils croyaient oisif et paresseux,
A l'intérêt commun contribuait plus qu'eux.
Ceci peut s'appliquer à la grandeur royale.
Elle reçoit et donne, et la chose est égale.
Tout travaille pour elle, et réciproquement
Tout tire d'elle l'aliment.
Elle fait subsister l'artisan de ses peines,
Enrichit le marchand, gage le magistrat,
Maintient le laboureur, donne paye au soldat,
Distribue en cent lieux ses grâces souveraines,
Entretient seule tout l'État.
Ménénius le sut bien dire.
La commune s'allait séparer du sénat.
Les mécontents disaient qu'il avait tout l'empire,
Le pouvoir, les trésors, l'honneur, la dignité,
Au lieu que tout le mal était de leur côté,
Les tribus, les impôts, les fatigues de guerre.
Le peuple hors des murs était déjà posté,
La plupart s'en allaient chercher une autre terre,
Quand Ménénius leur fit voir
Qu'ils étaient aux membres semblables,
Et par cet apologue, insigne entre les fables,
Les ramena dans leur devoir.

LES GRENOUILLES QUI DEMANDENT UN ROI

Les grenouilles se lassant
De l'état démocratique,
Par leurs clameurs firent tant
Que Jupin les soumit au pouvoir monarchique.
Il leur tomba du ciel un roi tout pacifique :
Ce roi fit toutefois un tel bruit en tombant,
Que la gent marécageuse,
Gent fort sotte, et fort peureuse,
S'alla cacher sous les eaux,
Dans les joncs, dans les roseaux,
Dans les trous du marécage,
Sans oser de longtemps regarder au visage
Celui qu'elles croyaient être un géant nouveau.
Or c'était un soliveau,
De qui la gravité fit peur à la première
Qui, de le voir s'aventurant,
Osa bien quitter sa tanière.
Elle approcha, mais en tremblant ;
Une autre la suivit, une autre en fit autant :
Il en vint une fourmilière ;
Et leur troupe à la fin se rendit familière
Jusqu'à sauter sur l'épaule du roi.
Le bon sire le souffre, et se tient toujours coi.
Jupin en a bientôt la cervelle rompue :
Donnez-nous, dit ce peuple, un roi qui se remue.
Le monarque des dieux leur envoie une grue,
Qui les croque, qui les tue,
Qui les gobe à son plaisir ;
Et grenouilles de se plaindre,
Et Jupin de leur dire : Eh quoi ! votre désir
A ses lois croit-il nous astreindre ?
Vous avez dû premièrement
Garder votre gouvernement ;
Mais, ne l'ayant pas fait, il vous devait suffire
Que votre premier roi fût débonnaire et doux ;
De celui-ci contentez-vous,
De peur d'en rencontrer un pire.

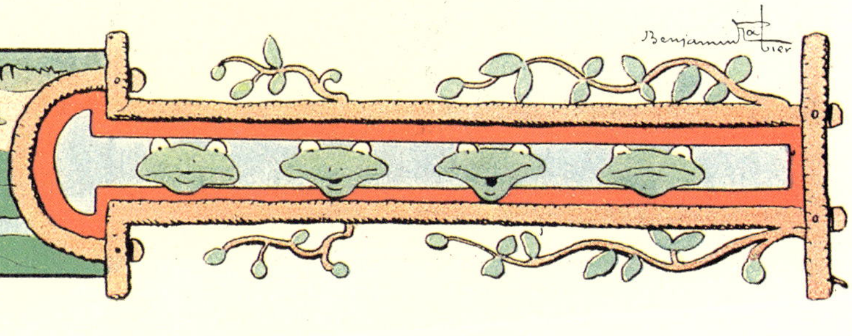

LE LOUP DEVENU BERGER

Un loup, qui commençait d'avoir petite part
    Aux brebis de son voisinage,
Crut qu'il fallait s'aider de la peau du renard,
    Et faire un nouveau personnage.
Il s'habille en berger, endosse un hoqueton,
    Fait sa houlette d'un bâton,
    Sans oublier la cornemuse.
    Pour pousser jusqu'au bout la ruse,
Il aurait volontiers écrit sur son chapeau :
« C'est moi qui suis Guillot, berger de ce troupeau. »
    Sa personne étant ainsi faite,
Et ses pieds de devant posés sur sa houlette,
Guillot le sycophante approche doucement.
Guillot, le vrai Guillot, étendu sur l'herbette,
    Dormait alors profondément ;
Son chien dormait aussi, comme aussi sa musette :
La plupart des brebis dormaient pareillement.
    L'hypocrite les laissa faire ;
Et pour pouvoir mener vers son fort les brebis,
Il voulut ajouter la parole aux habits,
    Chose qu'il croyait nécessaire.
    Mais cela gâta son affaire :
    Il ne put du pasteur contrefaire la voix.
Le ton dont il parla fit retentir les bois,
    Et découvrit tout le mystère.
    Chacun se réveille à ce son,
    Les brebis, le chien, le garçon.
    Le pauvre loup, dans cet esclandre,
    Empêché par son hoqueton,
    Ne put ni fuir ni se défendre.
Toujours par quelque endroit fourbes se laissent prendre
    Quiconque est loup agisse en loup ;
    C'est le plus certain de beaucoup.

LE RENARD ET LE BOUC

Capitaine renard allait de compagnie
Avec son ami bouc des plus haut encornés :
Celui-ci ne voyait pas plus loin que son nez ;
L'autre était passé maître en fait de tromperie.
La soif les obligea de descendre en un puits :
Là, chacun d'eux se désaltère.
Après qu'abondamment tous deux en eurent pris,
Le renard dit au bouc : Que ferons-nous, compère ?
Ce n'est pas tout de boire, il faut sortir d'ici.
Lève tes pieds en haut, et tes cornes aussi ;
Mets-les contre le mur : le long de ton échine
Je grimperai premièrement ;
Puis sur tes cornes m'élevant,
A l'aide de cette machine,
De ce lieu-ci je sortirai,
Après quoi je t'en tirerai.
Par ma barbe ! dit l'autre, il est bon ; et je loue
Les gens bien sensés comme toi.
Je n'aurais jamais, quant à moi,
Trouvé ce secret, je l'avoue.
Le renard sort du puits, laisse son compagnon,
Et vous lui fait un beau sermon
Pour l'exhorter à patience.
Si le ciel t'eût, dit-il, donné par excellence
Autant de jugement que de barbe au menton,
Tu n'aurais pas, à la légère,
Descendu dans ce puits. Or adieu : j'en suis hors ;
Tache de t'en tirer, et fais tous tes efforts ;
Car, pour moi, j'ai certaine affaire
Qui ne me permet pas d'arrêter en chemin.
En toute chose, il faut considérer la fin.

L'AIGLE, LA LAIE ET LA CHATTE

L'aigle avait ses petits au haut d'un arbre creux,
La laie au pied, la chatte entre les deux,
Et sans s'incommoder, moyennant ce partage,
Mères et nourrissons faisaient leur tripotage.
La chatte détruisit par sa fourbe l'accord,
Elle grimpa chez l'aigle, et lui dit : Notre mort
(Au moins de nos enfants, car c'est tout un aux mères)
Ne tardera possible guères.
Voyez-vous à nos pieds fouir incessamment
Cette maudite laie, et creuser une mine ?
C'est pour déraciner le chêne assurément,
Et de nos nourrissons attirer la ruine :
L'arbre tombant, ils seront dévorés ;
Qu'ils s'en tiennent pour assurés.
S'il m'en restait un seul, j'adoucirais ma plainte.
Au partir de ce lieu, qu'elle remplit de crainte,
La perfide descend tout droit
A l'endroit
Où la laie était en gésine.
Ma bonne amie et ma voisine,
Lui dit-elle tout bas, je vous donne un avis :
L'aigle, si vous sortez, fondra sur vos petits.
Obligez-moi de n'en rien dire :
Son courroux tomberait sur moi.
Dans cette autre famille ayant semé l'effroi,
La chatte en son trou se retire.
L'aigle n'ose sortir, ni pourvoir aux besoins
De ses petits ; la laie encore moins :
Sottes de ne pas voir que le plus grand des soins,
Ce doit être celui d'éviter la famine.
A demeurer chez soi l'une et l'autre s'obstine,
Pour secourir les siens dedans l'occasion :
L'oiseau royal, en cas de mine ;
La laie, en cas d'irruption.
La faim détruisit tout ; il ne resta personne
De la gent marcassine et de la gent aiglonne
Qui n'allât de vie à trépas :
Grand renfort pour messieurs les chats.
Que ne sait point ourdir une langue traîtresse
Par sa pernicieuse adresse !
Des malheurs qui sont sortis
De la boîte de Pandore,
Celui qu'à meilleur droit tout l'univers abhorre,
C'est la fourbe à mon avis.

L'IVROGNE ET SA FEMME

Chacun a son défaut, où toujours il revient :
Honte ni peur n'y remédie.
Sur ce propos d'un conte il me souvient :
Je ne dis rien que je n'appuie
De quelque exemple. Un suppôt de Bacchus
Altérait sa santé, son esprit, et sa bourse :
Telles gens n'ont pas fait la moitié de leur course
Qu'ils sont au bout de leurs écus.
Un jour que celui-ci, plein du jus de la treille,
Avait laissé ses sens au fond d'une bouteille,
Sa femme l'enferma dans un certain tombeau.
Là, les vapeurs du vin nouveau
Cuvèrent à loisir. A son réveil il treuve
L'attirail de la mort à l'entour de son corps,
Un luminaire, un drap des morts.
Oh ! dit-il, qu'est ceci ? Ma femme est-elle veuve ?
Là-dessus, son épouse, en habit d'Alecton,
Masquée, et de sa voix contrefaisant le ton,
Vient au prétendu mort, approche de sa bière,
Lui présente un chaudeau propre pour Lucifer.
L'époux alors ne doute en aucune manière
Qu'il ne soit citoyen d'enfer.
Quelle personne es-tu ? dit-il à ce fantôme.
La cellerière du royaume
De Satan, reprit-elle ; et je porte à manger
A ceux qu'enclôt la tombe noire.
Le mari repart, sans songer :
Tu ne leur portes point à boire ?

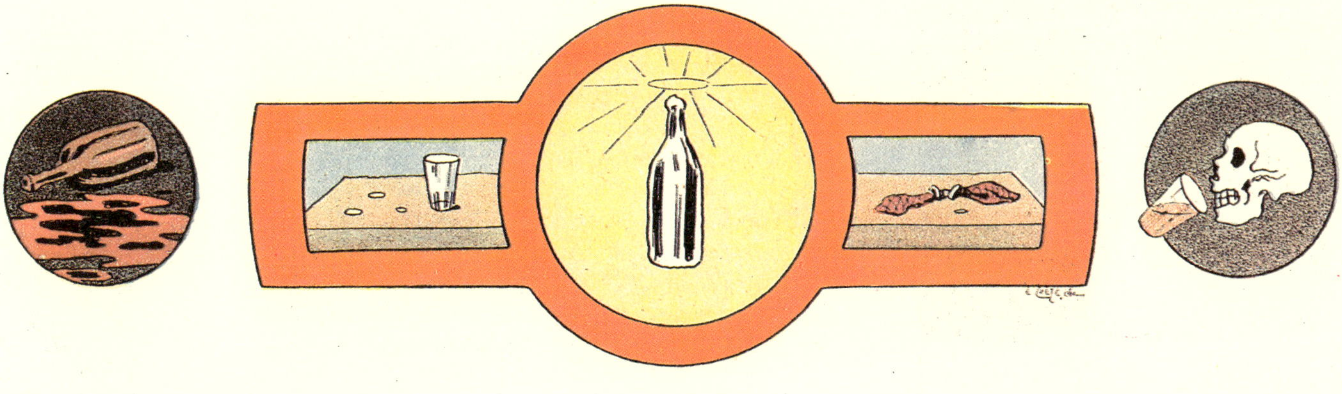

LA GOUTTE ET L'ARAIGNÉE

Quand l'enfer eut produit la goutte et l'araignée,
Mes filles, leur dit-il, vous pouvez vous vanter
D'être pour l'humaine lignée
Également à redouter.
Or, avisons aux lieux qu'il vous faut habiter.
Voyez-vous ces cases étrètes,
Et ces palais si grands, si beaux, si bien dorés :
Je me suis proposé d'en faire vos retraites.
Tenez donc, voici deux bûchettes ;
Accommodez-vous, ou tirez.
Il n'est rien, dit l'aragne, aux cases qui me plaise.
L'autre, tout au rebours, voyant les palais pleins
De ces gens nommés médecins,
Ne crut pas y pouvoir demeurer à son aise.
Elle prend l'autre lot, y plante le piquet,
S'étend à son plaisir sur l'orteil d'un pauvre homme,
Disant : Je ne crois pas qu'en ce poste je chôme,
Ni que d'en déloger et faire mon paquet
Jamais Hippocrate me somme.
L'aragne cependant se campe en un lambris,
Comme si de ces lieux elle eût fait bail à vie,
Travaille à demeurer : voilà sa toile ourdie,
Voilà des moucherons de pris.
Une servante vient balayer tout l'ouvrage.
Autre toile tissue, autre coup de balai.
Le pauvre bestion tous les jours déménage.
Enfin, après un vain essai,
Il va trouver la goutte. Elle était en campagne
Plus malheureuse mille fois
Que la plus malheureuse aragne.
Son hôte la menait tantôt fendre du bois,
Tantôt fouir, houer : goutte bien tracassée
Est, dit-on, à demi pansée.
Oh ! je ne saurais plus, dit-elle, y résister.
Changeons, ma sœur l'aragne. Et l'autre d'écouter :
Elle la prend au mot, se glisse en la cabane :
Point de coup de balai, qui l'oblige à changer.
La goutte, d'autre part, va tout droit se loger
Chez un prélat qu'elle condamne
A jamais du lit ne bouger.
Cataplasmes. Dieu sait ! Les gens n'ont point de honte
De faire aller le mal toujours de pis en pis.
L'une et l'autre trouva de la sorte son compte,
Et fit très sagement de changer de logis.

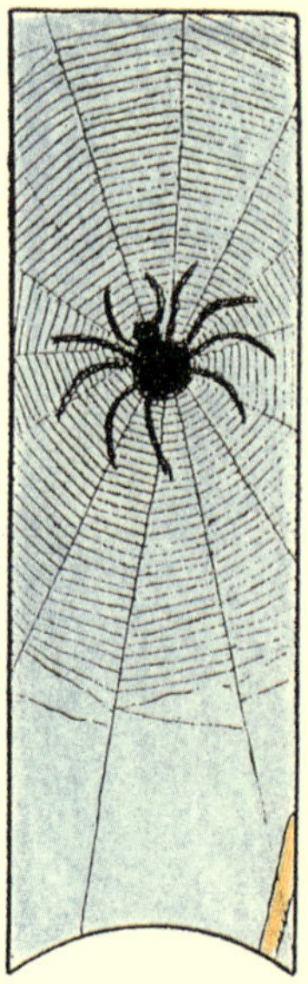

LE LOUP ET LA CIGOGNE

Les loups mangent gloutonnement.
Un loup donc étant de frairie
Se pressa, dit-on, tellement
Qu'il en pensa perdre la vie :
Un os lui demeura bien avant au gosier.
De bonheur pour ce loup, qui ne pouvait crier,
Près de là passe une cigogne.
Il lui fait signe ; elle accourt.
Voilà l'opératrice aussitôt en besogne.
Elle retira l'os ; puis, pour un si bon tour,
Elle demanda son salaire.
Votre salaire ! dit le loup :
Vous riez, ma bonne commère !
Quoi ! ce n'est pas encor beaucoup
D'avoir de mon gosier retiré votre cou.
Allez, vous êtes une ingrate :
Ne tombez jamais sous ma patte.

LE RENARD ET LES RAISINS

Certain renard gascon, d'autres disent normand,
Mourant presque de faim, vit au haut d'une treille
Des raisins mûrs apparemment,
Et couverts d'une peau vermeille.
Le galant en eût fait volontiers un repas,
Mais comme il n'y pouvait atteindre :
Ils sont trop verts, dit-il, et bons pour des goujats.
Fit-il pas mieux que de se plaindre ?

LE CYGNE ET LE CUISINIER

Dans une ménagerie
De volatiles remplie
Vivaient le cygne et l'oison ;
Celui-là destiné pour les regards du maître ;
Celui-ci, pour son goût : l'un qui se piquait d'être
Commensal du jardin ; l'autre, de la maison.
Des fossés du château faisant leurs galeries,
Tantôt on les eût vus côte à côte nager,
Tantôt courir sur l'onde, et tantôt se plonger,
Sans pouvoir satisfaire à leurs vaines envies.
Un jour le cuisinier, ayant trop bu d'un coup,
Prit pour oison le cygne ; et le tenant au cou,
Il allait l'égorger, puis le mettre en potage.
L'oiseau, prêt à mourir, se plaint en son ramage.
Le cuisinier fut fort surpris,
Et vit bien qu'il s'était mépris.
Quoi ! je mettrais, dit-il, un tel chanteur en soupe !
Non, non, ne plaise aux dieux que jamais ma main coupe
La gorge à qui s'en sert si bien !
Ainsi dans les dangers qui nous suivent en croupe
Le doux parler ne nuit de rien.

LE LION ABATTU PAR L'HOMME

On exposait une peinture
Où l'artisan avait tracé
Un lion d'immense stature
Par un seul homme terrassé.
Les regardants en tiraient gloire.
Un lion en passant rabattit leur caquet.
Je vois bien, dit-il, qu'en effet,
On vous donne ici la victoire ;
Mais l'ouvrier vous a déçus :
Il avait liberté de feindre.
Avec plus de raison nous aurions le dessus,
Si mes confrères savaient peindre.

LES LOUPS ET LES BREBIS

Après mille ans et plus de guerre déclarée,
Les loups firent la paix avecque les brebis.
C'était apparemment le bien des deux partis ;
Car, si les loups mangeaient mainte bête égarée,
Les bergers de leur peau se faisaient maints habits.
Jamais de liberté, ni pour les pâturages,
    Ni d'autre part pour les carnages :
Ils ne pouvaient jouir, qu'en tremblant, de leurs biens.
La paix se conclut donc : on donne des otages :
Les loups, leurs louveteaux ; et les brebis, leurs chiens.
L'échange en étant fait aux formes ordinaires,
    Et réglé par des commissaires,
Au bout de quelque temps que messieurs les louvats
Se virent loups parfaits et friands de tuerie,
Ils vous prennent le temps que dans la bergerie
    Messieurs les bergers n'étaient pas,
Étranglent la moitié des agneaux les plus gras,
Les emportent aux dents, dans les bois se retirent.
Ils avaient averti leurs gens secrètement.
Les chiens, qui, sur leur foi, reposaient sûrement,
    Furent étranglés en dormant :
Cela fut sitôt fait, qu'à peine ils le sentirent.
Tout fut mis en morceaux ; un seul n'en échappa.
    Nous pouvons conclure de là
Qu'il faut faire aux méchants guerre continuelle.
    La paix est fort bonne de soi ;
    J'en conviens ; mais de quoi sert-elle
    Avec des ennemis sans foi ?

LE LION DEVENU VIEUX

Le lion, terreur des forêts,
Chargé d'ans, et pleurant son antique prouesse,
Fut enfin attaqué par ses propres sujets,
Devenus forts par sa faiblesse.
Le cheval s'approchant lui donne un coup de pied ;
Le loup, un coup de dent ; le bœuf, un coup de corne.
Le malheureux lion, languissant, triste et morne,
Peut à peine rugir, par l'âge estropié.
Il attend son destin, sans faire aucunes plaintes ;
Quand voyant l'âne même à son antre accourir :
Ah ! c'est trop, lui dit-il, je voulais bien mourir ;
Mais c'est mourir deux fois que souffrir tes atteintes.

PHILOMELE ET PROGNÉ

Autrefois Progné, l'hirondelle,
De sa demeure s'écarta,
Et loin des villes s'emporta
Dans un bois où chantait la pauvre Philomèle.
Ma soeur, lui dit Progné, comment vous portez-vous ?
Voici tantôt mille ans que l'on ne vous a vue :
Je ne me souviens point que vous soyez venue,
Depuis le temps de Thrace, habiter parmi nous.
Dites-moi, que pensez-vous faire ?
Ne quitterez-vous point ce séjour solitaire ?
Ah ! reprit Philomèle, en est-il de plus doux ?
Progné lui repartit : Eh quoi ? cette musique,
Pour ne chanter qu'aux animaux,
Tout au plus à quelque rustique !
Le désert est-il fait pour des talents si beaux ?
Venez faire aux cités éclater leurs merveilles.
Aussi bien, en voyant les bois,
Sans cesse il vous souvient que Térée autrefois,
Parmi des demeures pareilles,
Exerça sa fureur sur vos divins appas.
Et c'est le souvenir d'un si cruel outrage
Qui fait, reprit sa sœur, que je ne vous suis pas :
En voyant les hommes, hélas !
Il m'en souvient bien davantage.

LA FEMME NOYÉE

Je ne suis pas de ceux qui disent : Ce n'est rien,
C'est une femme qui se noie.
Je dis que c'est beaucoup ; et ce sexe vaut bien
Que nous le regrettions, puisqu'il fait notre joie.
Ce que j'avance ici n'est point hors de propos,
Puisqu'il s'agit, en cette fable,
D'une femme qui dans les flots
Avait fini ses jours par un sort déplorable.
Son époux en cherchait le corps,
Pour lui rendre, en cette aventure,
Les honneurs de la sépulture.
Il arriva que sur les bords
Du fleuve, auteur de sa disgrâce,
Des gens se promenaient ignorant l'accident.
Ce mari donc leur demandant
S'ils n'avaient de sa femme aperçu nulle trace :
Nulle, reprit l'un deux ; mais cherchez-la plus bas ;
Suivez le fil de la rivière.
Un autre repartit : Non, ne le suivez pas ;
Rebroussez plutôt en arrière :
Quelle que soit la pente et l'inclination
Dont l'eau par sa course l'emporte,
L'esprit de contradiction
L'aura fait flotter d'autre sorte.
Cet homme se raillait assez hors de saison.
Quant à l'humeur contredisante,
Je ne sais s'il avait raison ;
Mais, que cette humeur soit ou non
Le défaut du sexe et sa pente,
Quiconque avec elle naîtra
Sans faute avec elle mourra,
Et jusqu'au bout contredira,
Et, s'il peut, encore par-delà.

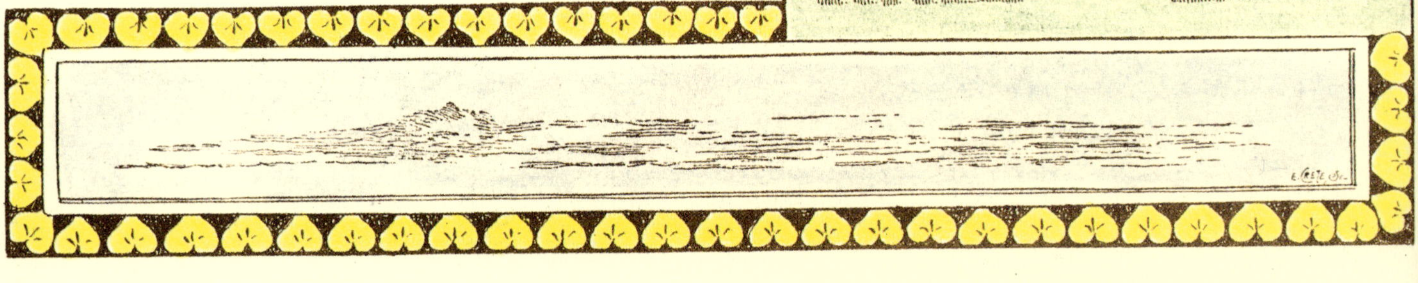

LA BELETTE ENTRÉE DANS UN GRENIER

Demoiselle belette, au corps long et fluet,
Entra dans un grenier par un trou fort étroit :
Elle sortait de maladie.
Là, vivant à discrétion,
La galande fit chère lie,
Mangea, rongea : Dieu sait la vie,
Et le lard qui périt en cette occasion !
La voilà, pour conclusion,
Grasse, mafflue et rebondie.
Au bout de la semaine, ayant dîné son soûl,
Elle entend quelque bruit, veut sortir par le trou,
Ne peut plus repasser, et croit s'être méprise.
Après avoir fait quelques tours,
C'est, dit-elle, l'endroit : me voilà bien surprise :
J'ai passé par ici depuis cinq ou six jours.
Un rat, qui la voyait en peine,
Lui dit : Vous aviez lors la panse un peu moins pleine.
Vous êtes maigre entrée, il faut maigre sortir.
Ce que je vous dis là, l'on le dit à bien d'autres ;
Mais ne confondons point, par trop approfondir,
Leurs affaires avec les vôtres.

LE CHAT ET UN VIEUX RAT

J'ai lu, chez un conteur de fables,
Qu'un second Rodilard, l'Alexandre des chats,
L'Attila, le fléau des rats,
Rendait ces derniers misérables :
J'ai lu, dis-je, en certain auteur,
Que ce chat exterminateur,
Vrai Cerbère, était craint une lieue à la ronde :
Il voulait de souris dépeupler tout le monde.
Les planches qu'on suspend sur un léger appui,
La mort-aux-rats, les souricières,
N'étaient que jeux au prix de lui.
Comme il voit que dans leurs tanières
Les souris étaient prisonnières,
Qu'elles n'osaient sortir, qu'il avait beau chercher,
Le galant fait le mort, et du haut d'un plancher
Se pend la tête en bas : la bête scélérate
A de certains cordons se tenait par la patte.
Le peuple des souris croit que c'est châtiment,
Qu'il a fait un larcin de rôt ou de fromage,
Égratigné quelqu'un, causé quelque dommage ;
Enfin, qu'on a pendu le mauvais garnement.
Toutes, dis-je, unanimement,
Se promettent de rire à son enterrement,
Mettent le nez à l'air, montrent un peu la tête,
Puis rentrent dans leurs nids à rats,
Puis ressortant font quatre pas,
Puis enfin se mettent en quête.
Mais voici bien une autre fête :
Le pendu ressuscite ; et, sur ses pieds tombant,
Attrape les plus paresseuses.
Nous en savons plus d'un, dit-il en les gobant :
C'est tour de vieille guerre : et vos cavernes creuses
Ne vous sauveront pas, je vous en avertis :
Vous viendrez toutes au logis.
Il prophétisait vrai : notre maître Mitis,
Pour la seconde fois, les trompe et les affine,
Blanchit sa robe et s'enfarine ;
Et de la sorte déguisé,
Se niche et se blottit dans une huche ouverte.
Ce fut à lui bien avisé :
La gent trotte-menu s'en vient chercher sa perte.
Un rat, sans plus, s'abstient d'aller flairer autour :
C'était un vieux routier, il savait plus d'un tour ;

Même il avait perdu sa queue à la bataille.
Ce bloc enfariné ne me dit rien qui vaille,
S'écria-t-il de loin au général des chats :
Je soupçonne dessous encor quelque machine :
Rien ne te sert d'être farine ;
Car, quand tu serais sac, je n'approcherais pas,
C'était bien dit à lui : j'approuve sa prudence :
Il était expérimenté,
Et savait que la méfiance
Est mère de la sûreté.

LE LION AMOUREUX

Sévigné, de qui les attraits
Servent aux Grâces de modèle,
Et qui naquîtes toute belle,
A votre indifférence près,
Pourriez-vous être favorable
Aux jeux innocents d'une fable,
Et voir, sans vous épouvanter,
Un lion qu'Amour sut dompter ?
Amour est un étrange maître !
Heureux qui peut ne le connaître
Que par récit, lui ni ses coups !
Quand on en parle devant vous
Si la vérité vous offense,
La fable au moins se peut souffrir :
Celle-ci prend bien l'assurance
De venir à vos pieds s'offrir,
Par zèle et par reconnaissance.
Du temps que les bêtes parlaient,
Les lions entre autres voulaient
Être admis dans notre alliance.
Pourquoi non, puisque leur engeance
Valait la nôtre en ce temps-là,
Ayant courage, intelligence,
Et belle hure, outre cela ?
Voici comment il en alla :
Un lion de haut parentage,
En passant par un certain pré,
Rencontra bergère à son gré :
Il la demande en mariage.
Le père aurait fort souhaité
Quelque gendre un peu moins terrible.
La donner lui semblait bien dur,
La refuser n'était pas sûr.
Même un refus eût fait, possible,
Qu'on eût vu quelque beau matin
Un mariage clandestin :
Car, outre qu'en toute manière
La belle était pour les gens fiers,

Fille se coiffe volontiers
D'amoureux à longue crinière.
Le père donc, ouvertement
N'osant renvoyer notre amant,
Lui dit : Ma fille est délicate ;
Vos griffes la pourront blesser,
Quand vous voudrez la caresser.
Permettez donc qu'à chaque patte
On vous les rogne ; et, pour les dents
Qu'on vous les lime en même temps :
Vos baisers en seront moins rudes,
Et pour vous plus délicieux ;
Car ma fille y répondra mieux,
Étant sans ces inquiétudes.
Le lion consent à cela,
Tant son âme était aveuglée !
Sans dents ni griffes le voilà
Comme place démantelée.
On lâcha sur lui quelques chiens :
Il fit fort peu de résistance.
Amour ! amour ! quand tu nous tiens,
On peut bien dire : Adieu prudence !

LE BERGER ET LA MER

Du rapport d'un troupeau, dont il vivait sans soins,
Se contenta longtemps un voisin d'Amphitrite :
Si sa fortune était petite,
Elle était sûre tout au moins.
A la fin, les trésors déchargés sur la plage
Le tentèrent si bien qu'il vendit son troupeau,
Trafiqua de l'argent, le mit entier sur l'eau.
Cet argent périt par naufrage.
Son maître fut réduit à garder les brebis,
Non plus berger en chef comme il était jadis,
Quand ses propres moutons paissaient sur le rivage :
Celui qui s'était vu Corydon ou Tircis
Fut Pierrot, et rien davantage.
Au bout de quelque temps il fit quelques profits,
Racheta des bêtes à laine ;
Et comme un jour les vents, retenant leur haleine,
Laissaient paisiblement aborder les vaisseaux :
Vous voulez de l'argent, ô mesdames les Eaux !
Dit-il ; adressez-vous, je vous prie, à quelque autre :
Ma foi ! vous n'aurez pas le nôtre.
Ceci n'est pas un conte à plaisir inventé.
Je me sers de la vérité
Pour montrer, par expérience,
Qu'un sou, quand il est assuré,
Vaut mieux que cinq en espérance ;
Qu'il se faut contenter de sa condition,
Qu'aux conseils de la mer et de l'ambition
Nous devons fermer les oreilles.
Pour un qui s'en louera, dix mille s'en plaindront.
La mer promet monts et merveilles :
Fiez-vous-y ; les vents et les voleurs viendront.

LA MOUCHE ET LA FOURMI

La mouche et la fourmi contestaient de leur prix.
O Jupiter ! dit la première,
Faut-il que l'amour-propre aveugle les esprits
D'une si terrible manière,
Qu'un vil et rampant animal
A la fille de l'air ose se dire égal !
Je hante les palais, je m'assieds à ta table :
Si l'on t'immole un bœuf, j'en goûte devant toi ;
Pendant que celle-ci, chétive et misérable,
Vit trois jours d'un fétu qu'elle a traîné chez soi.
Mais, ma mignonne, dites-moi,
Vous campez-vous jamais sur la tête d'un roi,
D'un empereur, ou d'une belle ?
Je rehausse d'un teint la blancheur naturelle ;
Et la dernière main que met à sa beauté
Une femme allant en conquête,
C'est un ajustement des mouches emprunté.
Puis allez-moi rompre la tête
De vos greniers ! — Avez-vous dit ?
Lui répliqua la ménagère.
Vous hantez les palais ; mais on vous y maudit.
Et quant à goûter la première
De ce qu'on sert devant les dieux,
Croyez-vous qu'il en vaille mieux ?
Si vous entrez partout, aussi font les profanes.
Sur la tête des rois et sur celle des ânes
Vous allez vous planter, je n'en disconviens pas ;
Et je sais que d'un prompt trépas
Cette importunité bien souvent est punie.
Certain ajustement, dites-vous, rend jolie ;
J'en conviens : il est noir ainsi que vous et moi.
Je veux qu'il ait nom mouche : est-ce un sujet pourquoi
Vous fassiez sonner vos mérites ?
Nomme-t-on pas aussi mouches les parasites ?
Cessez donc de tenir un langage si vain :
N'ayez plus ces hautes pensées.
Les mouches de cour sont chassées ;
Les mouchards sont pendus : et vous mourrez de faim,
De froid, de langueur, de misère,
Quand Phébus régnera sur un autre hémisphère.

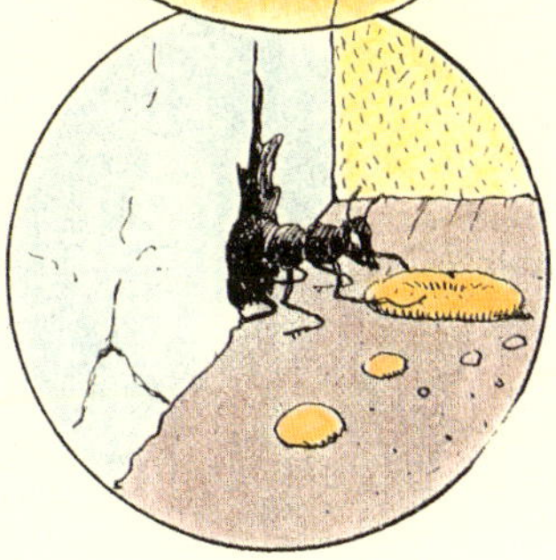

Alors je jouirai du fruit de mes travaux :
Je n'irai, par monts ni par vaux,
M'exposer au vent, à la pluie ;
Je vivrai sans mélancolie :
Le soin que j'aurai pris de soin m'exemptera.
Je vous enseignerai par là
Ce que c'est qu'une fausse et véritable gloire.
Adieu : je perds le temps ; laissez-moi travailler ;
Ni mon grenier, ni mon armoire,
Ne se remplit à babiller.

LE JARDINIER ET SON SEIGNEUR

Un amateur du jardinage,
Demi-bourgeois, demi-manant,
Possédait en certain village
Un jardin assez propre, et le clos attenant.
Il avait de plant vif fermé cette étendue.
Là croissait à plaisir l'oseille et la laitue.
De quoi faire à Margot pour sa fête un bouquet,
Peu de jasmin d'Espagne, et force serpolet.
Cette félicité par un lièvre troublée
Fit qu'au seigneur du bourg notre homme se plaignit.
Ce maudit animal vient prendre sa goulée
Soir et matin, dit-il, et des pièges se rit ;
Les pierres, les bâtons, y perdent leur crédit
Il est sorcier, je crois. — Sorcier ! je l'en défie,
Répartit le seigneur : fût-il diable, Miraut,
En dépit de ses tours, l'attrapera bientôt.
Je vous en déferai, bon homme, sur ma vie. —
Et quand ? — Et dès demain, sans tarder plus longtemps.
La partie ainsi faite, il vient avec ses gens.
Cependant on fricasse, on se rue en cuisine. —
De quand sont vos jambons ? ils ont fort bonne mine. —
Monsieur, ils sont à vous. — Vraiment, dit le seigneur,
Je les reçois, et de bon cœur.
Il déjeune très bien ; aussi fait sa famille,
Chiens, chevaux et valets, tous gens bien endentés :
Il commande chez l'hôte, y prend des libertés,
Boit son vin, entretient sa fille.
L'embarras des chasseurs succède au déjeuné
Chacun s'anime et se prépare :
Les trompes et les cors font un tel tintamarre
Que le bon homme est étonné.
Le pis fut que l'on mit en piteux équipage
Le pauvre potager : adieu planches, carreaux ;
Adieu chicorée et porreaux ;
Adieu de quoi mettre au potage.
Le lièvre était gîté dessous un maître chou.
On le quête ; on le lance : il s'enfuit par un trou,

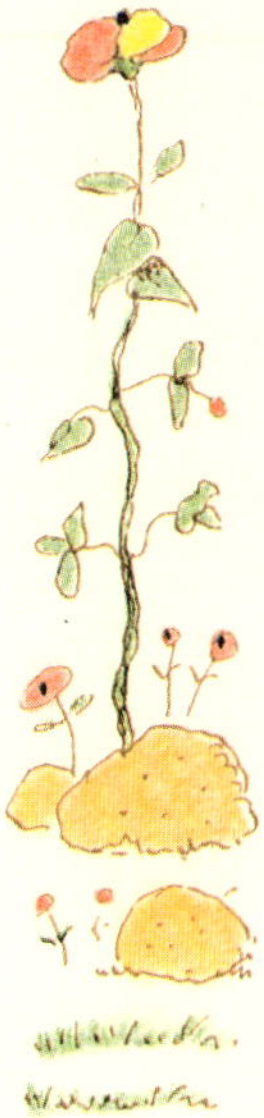

Non pas trou, mais trouée, horrible et large plaie
Que l'on fit à la pauvre haie
Par ordre du seigneur ; car il eût été mal
Qu'ont n'eût pu du jardin sortir tout à cheval.
Le bon homme disait : Ce sont là jeux de prince.
Mais on le laissait dire : et les chiens et les gens
Firent plus de dégât en une heure de temps.
Que n'en auraient fait en cent ans
Tous les lièvres de la province.
Petits princes, videz vos débats entre vous :
De recourir aux rois vous seriez de grands fous.
Il ne les faut jamais engager dans vos guerres,
Ni les faire entrer sur vos terres.

Table

Imprimé par Eurolitho – Milan
(Printed in Italy)